Aurora

Chemnitzer Schriften
zu Kunst und Kultur

Band 1

KUNST
SAMMLUNGEN
CHEMNITZ

Ulrike Saß

»Meine Malerexistenz hat ziemlich aufgehört.«
Karl Schmidt-Rottluffs Briefe an Paula Risch 1935–1944

KUNST
SAMMLUNGEN
CHEMNITZ

Vorwort zur Publikationsreihe

Frédéric Bußmann

Die vorliegende Edition der Korrespondenz zwischen dem expressionistischen Maler Karl Schmidt-Rottluff und der Bregenzer Sammlerin Paula Risch, die aus einer angesehenen Fotografenfamilie stammte und in den 1920er Jahren in Berlin mit engen Kontakten zu Künstler:innen lebte, ist der erste Band unserer neuen wissenschaftlichen Publikationsreihe. 2010 wurden auf Wunsch der Chemnitzerin Brigitte Weber und ihr zu Ehren Spenden zusammengetragen. Wir freuen uns sehr, dass es gelungen ist, aus diesen Mitteln 2012 die erwähnte Korrespondenz aus Privatbesitz zu erwerben und sie nun der Öffentlichkeit zugänglich zu machen. Dr. Ulrike Saß hat das Konvolut von 17 Briefen, acht Postkarten und einem Telegramm aus der Zeit des Nationalsozialismus im Auftrag der Kunstsammlungen Chemnitz transkribiert und kommentiert.

Die Publikationsreihe wurde ins Leben gerufen, um dem wissenschaftlichen Austausch jenseits von Ausstellungsprojekten ein frei zugängliches Forum zu bieten. Gegenstand der Reihe sind alle Aspekte von Kunst, Kultur und Geschichte, die mit Chemnitz und der Region oder den Beständen der verschiedenen Museen unter dem Dach der Kunstsammlungen Chemnitz in Verbindung stehen. Die wissenschaftliche Forschung gehört zu den festen Säulen des Museumsbetriebs. Angesichts zunehmender Aufgaben im Bereich der Kommunikation und Vermittlung und des Bestrebens, aus dem Museum auch einen sozialen Ort und nicht nur einen Tempel der Kunst, Wissenschaft und Ästhetik zu machen, treten solch klassische Felder der musealen Arbeit bisweilen ein wenig in den Hintergrund. So mag es anachronistisch anmuten, wenn die Kunstsammlungen Chemnitz im Jahr 2023 eine wissenschaftliche Publikationsreihe eröffnen. Aber dürfen Museen nicht genau das sein, ein wenig aus der Zeit gefallen, ein Gegenpol zum hektischen, medial überfluteten Alltag? Ein Ort der Ruhe, der Kontemplation und des Nachdenkens, auch des Genusses? Meines Erachtens können und sollten Museen vieles sein, und dazu gehört auch, jenseits kommerzieller Überlegungen Räume für den anspruchsvollen wissenschaftlichen Dialog zu eröffnen.

Die Publikationsreihe ist so ein Raum, den wir ganz bewusst frei zugänglich und offen halten wollen, indem wir ihn auf der Onlineplattform arthistoricum.net der Universität Heidelberg im Open Access-Verfahren ansiedeln.[1] Diejenigen, die lieber ein gut gestaltetes Buch in der Hand halten, zu denen im Übrigen auch ich gehöre, finden Trost in der Tatsache, dass man die Bände via Print on Demand auch gedruckt erwerben kann, wenn auch die Qualität dieses Verfahrens mit den für Ausstellungskataloge geltenden Standards nicht vergleichbar ist. Aber diese Form des digitalen Publizierens ermöglicht uns den weltweiten Austausch und nicht zuletzt auch einen schonenderen Umgang mit Ressourcen.

Der Haupttitel der Reihe, *Aurora*, mutet vielleicht ein wenig vermessen an – fast wie das ehemalige Motto von Chemnitz als *Stadt der Moderne.* Aber wir, die beteiligten Kolleg:innen der Kunstsammlungen Chemnitz, empfinden den Begriff als durchaus passend. Gern darf man ihn mit einer gewissen Leichtigkeit und Distanz, vielleicht auch Ironie wahrnehmen. Die Morgenröte ist ein klassischer Topos der Geschichte und Kunstgeschichte, eine antike Göttin, zu der wir heute nur noch wenig Bezug haben. Aber verortete nicht der erste Direktor der städtischen Kunstsammlung Chemnitz, Friedrich Schreiber-Weigand, das Gründungsjahr des Museums 1920 rückblickend »im Morgenlicht der Republik«?[2] Damit verbunden war für ihn der Auftrag, nicht den Fürsten zum Plaisir zu dienen, sondern der Kunst und der Republik, dem Gemeinwohl und der Bildung breiter Bevölkerungsschichten im Geiste Alfred Lichtwarks. Und verbindet sich nicht auch heute noch ein Funken von Utopie, von Aufbruch in schweren Zeiten, des eigenen Scheiterns vielleicht bewusst, aber den Geist hoffnungsfroh in die Ferne gerichtet, mit dieser Morgenröte? Auch in der DDR spielte der Topos eine Rolle, obwohl die Realität eine völlig andere war. Carlfriedrich Claus – Künstler und Denker, unklassischer Intellektueller und transmedialer Experimentator, Kommunist und doch von der Staatssicherheit schikaniert – Claus also, dessen künstlerisches Werk und Archiv die Kunstsammlungen Chemnitz bewahren und erforschen, nannte sein vielleicht bekanntestes druckgrafisches Mappenwerk 1977 *Aurora* und legte seine ganze Hoffnung auf eine kommunistische Utopie und Freiheit in diesen Begriff.[3] Noch kurz vor seinem Tod 1998 richtete er im Reichstagsgebäude seinen *Aurora-Experimentalraum* für den Deutschen Bundestag ein, Ausdruck der lebenslangen Beschäftigung mit dieser Idee. Und wieso beginnen wir unsere wissenschaftliche Publikationsreihe mit der Edition eines vergleichsweise schmalen Konvoluts aus Briefen von Karl Schmidt-Rottluff und Paula Risch? Die Begründung liegt auf der Hand: Karl Schmidt wurde in Rottluff, einem Vorort von Chemnitz, geboren, ist in Chemnitz aufgewachsen, mit Erich Heckel zur Schule gegangen, ebenso wie der etwas ältere Ernst Ludwig Kirchner. Auch Emy Frisch, seine spätere Frau, die als Fotografin arbeitete, ist in Chemnitz geboren und aufgewachsen. Durch ihre Vermittlung haben sich die drei als Architekturstudenten in Dresden wiedergetroffen. 1905 gründeten sie zusammen mit Fritz Bleyl die Künstlervereinigung Brücke. Ist Dresden also der Geburtsort des deutschen Expressionismus, kann Chemnitz als seine Keimzelle gelten.

Schmidt-Rottluff war der Stadt zeitlebens eng verbunden, auch wenn er sie jung verließ und neben jährlichen Besuchen bei seiner Mutter in Rottluff nur einmal, zwischen 1943 und 1946, länger in der Stadt verweilte, als seine Berliner Wohnung samt Atelier ausgebombt worden war. Er wohnte und arbeitete seinerzeit mit seiner Frau im elterlichen Landhaus in Chemnitz-Rottluff, das künftig ihm zu Ehren ein Museum beherbergen soll. Die erste Ausstellung der Kunstsammlungen Chemnitz nach dem Zweiten Weltkrieg fand 1946 im Schloßbergmuseum statt – das Museum am Theaterplatz war beschädigt. Gezeigt wurden Arbeiten von Karl Schmidt-Rottluff. Im selben Jahr wurde ihm die Ehrenbürgerwürde der Stadt verliehen. Er kehrte nach Berlin zurück und stand der DDR nach ihrer Gründung eher fremd gegenüber, zumal der Expressionismus lange Zeit unter das Formalismusverdikt fiel. Erst in den 1970er Jahren wurden die Beziehungen auch Dank des großen Engagements des damaligen Sammlungsleiters Karl Brix wieder so gut, dass nicht nur Leihgaben und Schenkungen ans Haus kamen, sondern auch über die Gründung eines eigenen Museums für Karl Schmidt-Rottluff diskutiert wurde. Er selbst hatte mit Erich Heckel und seiner Frau Emy durch eine großzügige Schenkung maßgeblich zur Gründung des Brücke-Museums 1967 in Berlin (West) beigetragen. War dies vielleicht ein Anstoß für die Karl-Marx-Städter Initiativen? Vermutlich aus politischen Gründen wurde letzten Endes auf die Einrichtung eines Schmidt-Rottluff-Museums verzichtet, aber klar war, dass der Künstler künftig eine zentrale Rolle für das Selbstverständnis der Kunstsammlungen spielen würde. Dies wurde durch Leihgaben und Ankäufe unterstrichen, besonders auch nach dem Fall der Mauer, sodass unser Haus heute über den bedeutendsten Bestand an Werken von Schmidt-Rottluff nach dem Brücke-Museum verfügt.[4] Das betrifft nicht nur Kunstwerke, sondern auch kunsthandwerkliche und kunstgewerbliche Objekte – erinnert sei hier an das bemerkenswerte Engagement der Ostdeutschen Sparkassenstiftung mit der Sparkasse Chemnitz für die kunsthandwerkliche Sammlung von Dr. Victor und Hedda Peters,[5] denen ich von ganzem Herzen für ihre langjährige Freundschaft danken möchte. Hinzu kommt ein umfangreicher Bestand an Manuskripten und Korrespondenzen, Fotografien und anderen Dokumenten. Diese sind zum Teil als Leihgaben aus dem Umfeld des Künstlers, zum Teil aber auch als Schenkung oder Erwerbung ans Haus gekommen, sodass die vorliegende Edition eines klar konturierten Teils als erster Schritt verstanden werden soll. Weitere Korrespondenzen und andere Archivalien werden sukzessive wissenschaftlich bearbeitet und veröffentlicht, im Idealfall auch online zugänglich gemacht. Verwiesen sei hier der guten Form halber auch auf die Edition eines Teils der Briefe nach Chemnitz durch Ralf Müller 2017.[6]

Mein großer Dank geht an all die vielen Freund:innen und Förder:innen, die uns in der Arbeit zu Ehren von Karl Schmidt-Rottluff unterstützen, insbesondere an die Stadt Chemnitz, die Ostdeutsche Sparkassenstiftung gemeinsam mit der Sparkasse Chemnitz, die Ernst von Siemens Kunststiftung, den Freistaat Sachsen, die Kulturstiftung der Länder, die Beauftragte der Bundesregierung für Kultur und Medien, aber auch die vielen Privatpersonen, die zum Teil ungenannt bleiben wollen. Paula Rischs Sohn Dr. Beato Barnay und der Familie Barnay danke ich für ihre Bereitschaft, sich von der Korrespondenz zwischen Karl Schmidt-Rottluff und Paula Risch zugunsten der Kunstsammlungen zu trennen. Dem Freundeskreis der Kunstsammlungen Chemnitz und stellvertretend seinem Vorsitzenden Dr. Stephan Scholz danke ich für die jahrelange Unterstützung unserer Arbeit, vor allem ideell. Dr. Ulrike Saß danke ich für die Bearbeitung und Kommentierung des Briefkonvoluts, Elke Gnauck und Konrad Gatz für die Unterstützung bei dessen Transkription. Dem Team der Kunstsammlungen Chemnitz und hier vor allem Dr. Philipp Freytag danke ich für die intensive Betreuung der wissenschaftlichen Publikationsreihe. Dem Leipziger Grafiker Hannes Drißner für die Gestaltung der Buchreihe. Der Universitätsbibliothek Heidelberg danke ich für die Beherbergung auf ihrer Plattform ART-Dok, die den wissenschaftlichen Publikationen aus und über Chemnitz künftig hoffentlich noch mehr Aufmerksamkeit zuteilwerden lässt.

Anmerkungen

1 Online: ‹https://books.ub.uni-heidelberg.de/arthistoricum/series/info/aurora›, 28.11.2022.

2 Vgl. die umfangreiche Publikation zur Jubiläumsausstellung, die einen präzisen Einblick in die Geschichte der verschiedenen Häuser und Bestände unter dem Dach der Kunstsammlungen Chemnitz, aber auch ihr Verhältnis zu Bürgerschaft, Stadt und Land gibt: *»Im Morgenlicht der Republik«. 100 Jahre Kunstsammlungen Chemnitz*, Ausst.-Kat. Kunstsammlungen Chemnitz, 25.7.–25.10.2020, hrsg. von Frédéric Bußmann, Brigitta Milde, Leipzig: Seemann 2020.

3 Carlfriedrich Claus, *Aurora-Mappe*, Vorzugsausgabe mit 1 gefalzten Titelblatt und 15 Radierungen in 11 gefalzten Transparentpapieren mit Siebdruck in grafisch gestalteter Leinenkassette, Mappe Nr. 33/40, Kunstsammlungen Chemnitz, Carlfriedrich Claus Archiv, CCA-5.3.1.-201; siehe auch ders., *Aurora. Sprachblätter, Experimentalraum Aurora, Briefe*, 2 Bde., Berlin: Janus Press 1995.

4 *Karl Schmidt-Rottluff. Werke in den Kunstsammlungen Chemnitz,* Best.-Kat. Chemnitz, Kunstsammlungen Chemnitz, hrsg. von Ingrid Mössinger, Chemnitz: Kunstsammlungen Chemnitz 2015.

5 *Kunsthandwerk und Schmuck von Karl Schmidt-Rottluff aus der ehemaligen Sammlung Dr. Victor und Hedda Peters, Leipzig*, hrsg. von Ingrid Mössinger, Katharina Metz, Chemnitz: Kunstsammlungen Chemnitz 2015.

6 Vgl. *Karl Schmidt-Rottluff, Briefe nach Chemnitz, 1940–1975*, hrsg. von Ralf W. Müller, Chemnitz: Chemnitzer Verlag 2017.

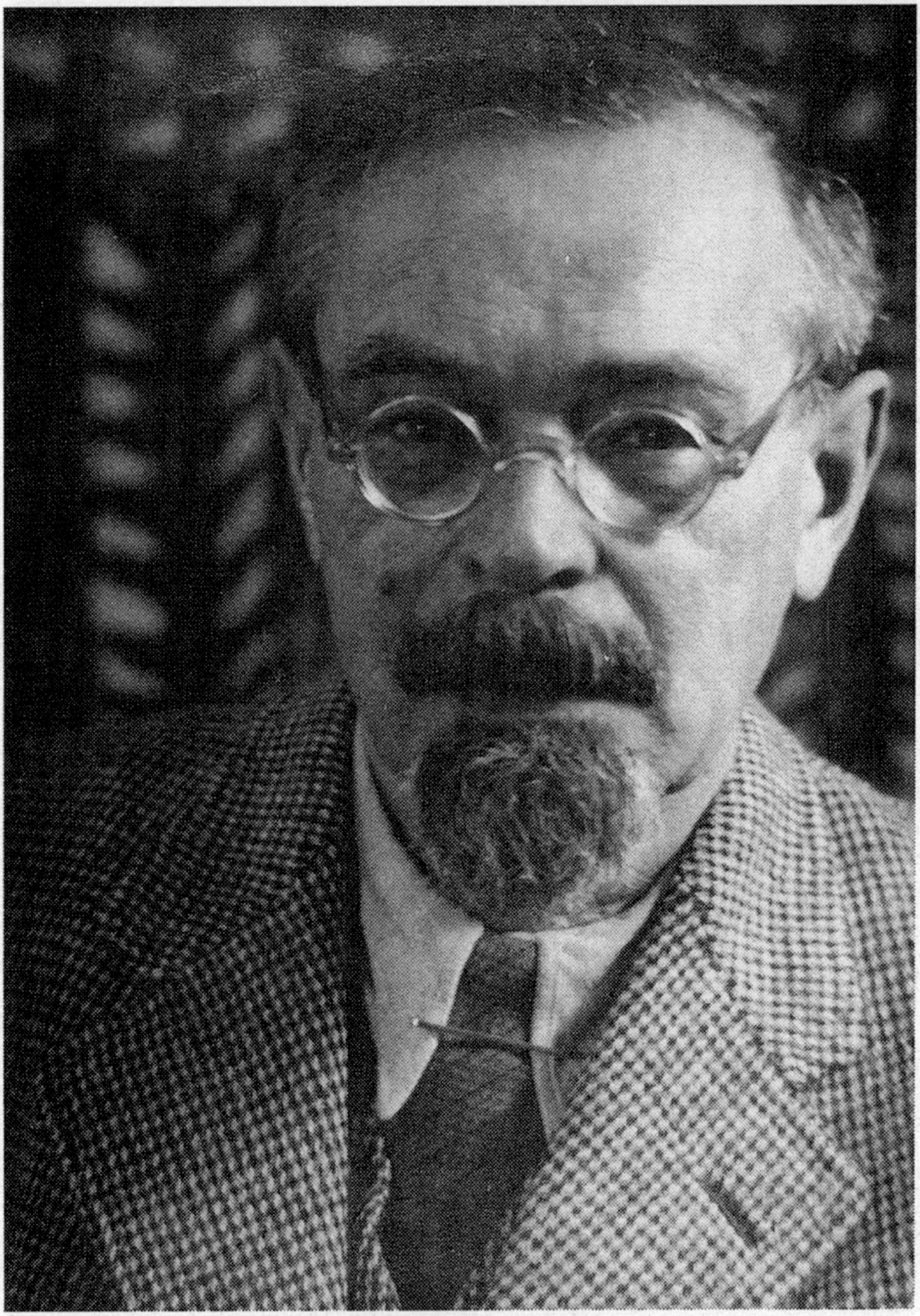

[1] Karl Schmidt-Rottluff, um 1936 (Fotograf:in unbekannt)

Karl Schmidt-Rottluffs Kunstschaffen im Nationalsozialismus – Briefe des Künstlers an Paula Risch

Ulrike Saß

Karl Schmidt-Rottluff war gemeinsam mit Fritz Bleyl, Erich Heckel und Ernst Ludwig Kirchner Gründungsmitglied der Dresdner Künstlervereinigung Brücke und gehört zu den bedeutendsten Vertretern der Klassischen Moderne in Deutschland. Er war maßgeblich an der avantgardistischen Bewegung im Land beteiligt, die konventionelle, akademisch geprägte Kunstformen in Frage stellte und neue künstlerische Ausdrucksweisen erprobte. Leben und Kunstschaffen Schmidt-Rottluffs sind damit beispielhaft für einen Künstler, der Teil des fortschrittlich denkenden und aufstrebenden Bürgertums des beginnenden 20. Jahrhunderts war und für dieses wirkte.

Ein Blick auf die Biografie Schmidt-Rottluffs und seine zahlreichen Korrespondenzen lässt das Netzwerk der Personen erkennen, mit denen er sich intellektuell austauschte und die ihn finanziell unterstützten. [Abb. 1] Er war eingebunden in ein Beziehungsgeflecht aus Vertreter:innen des Bürgertums, darunter Museumspersonal, Kunstkritiker:innen, Intellektuelle, Künstler:innen und Mäzen:innen, die auch untereinander in mehr oder weniger engem Austausch standen. Dieses Netzwerk hatte unmittelbaren Einfluss auf das Denken und Handeln Schmidt-Rottluffs sowie auf sein Kunstschaffen. Bisher wurden allerdings nur wenige Selbstzeugnisse des Künstlers aus den Jahren 1933 bis 1945 publiziert. Hervorzuheben sind vor allem die Briefe an seinen Bruder Kurt, an Gunther Thiem und an seinen Mäzen Carl Hagemann.[1] Im Vergleich dazu zeichnen sich die hier erstmals veröffentlichten, in der Zeit von 1935 bis 1944 verfassten Briefe an Paula Risch durch eine verblüffende Offenheit aus, vor allem in Bezug auf sein Kunstschaffen, die politischen Ereignisse sowie seine Gemütslage.

Die in Bregenz geborene Paula Risch zog 1920 nach Berlin und trat dort in die Malerfirma ihres Cousins Adolf Thomer (Birkle & Thomer) ein.[2] [Abb. 12] Vor Ort nahm sie Kontakt zu verschiedenen Künstler:innen auf, besuchte Ausstellungen und erwarb Kunstwerke. In dieser Zeit lernte sie auch Schmidt-Rottluff kennen. 1929 heiratete sie Elmo Barnay und brachte 1930 ihren Sohn Beato zur Welt. Nachdem sie sich zwei Jahre später von ihrem Mann scheiden gelassen hatte, kehrte sie nach Bregenz zurück. Den Kontakt zu Schmidt-Rottluff pflegte sie postalisch und durch gelegentliche Besuche weiter. Im Jahr 1938 besuchten der Künstler und seine Frau Emy Paula Risch in Bregenz.[3]

In Anbetracht der bemerkenswerten Produktivität und Vernetzung der Avantgarde in Deutschland im ersten Drittel des 20. Jahrhunderts erscheint die Verkleinerung ihres Handlungsspielraumes nach der Regierungsübernahme Hitlers besonders drastisch. Der genaue Blick auf die Selbstzeugnisse und andere Dokumente der Akteur:innen erlaubt ein tiefgreifendes Verständnis der tatsächlichen Lebensumstände sowie der Kontinuitäten und Veränderungen in den verschiedenen Phasen des Nationalsozialismus. Fragen nach dem Fortbestehen von persönlichen Beziehungen und Netzwerken, nach den individuellen Möglichkeiten, nicht systemkonform zu agieren sowie nach der Härte und den Auswirkungen von politischer Verfolgung können anhand von biografischen Untersuchungen beantwortet werden. Nicht zuletzt wird dabei der Einfluss von Kunstmarkt und Politik auf das Schaffen der Künstler:innen deutlich. Zur Klärung dieser Forschungsdesiderate bietet sich eine exemplarische Untersuchung von Leben und Werk Karl Schmidt-Rottluffs an, denn er war als Künstler vor 1933 etabliert und seine Werke gehörten zum kanonischen Bestand deutscher Museen. Gerade deswegen bedeutete die Aktion *Entartete Kunst* im Jahr 1937 für ihn eine besonders tiefgreifende Zäsur, als quasi sämtliche seiner Bilder aus öffentlichen Sammlungen entfernt wurden. Allerdings war er keiner lebensbedrohlichen Verfolgung ausgesetzt wie Menschen, die beispielsweise nach nationalsozialistischer Rassengesetzgebung als jüdisch eingestuft waren.

Bislang ist über Karl Schmidt-Rottluffs Kunstschaffen während des Nationalsozialismus allerdings wenig bekannt. Weder sind die in der Zeit von 1933 bis 1945 entstandenen Gemälde gezielt in den Blick genommen noch seine Verbindungen zu Sammler:innen, zum Kunstmarkt oder zu anderen Akteur:innen im NS-Kunstbetrieb. Stattdessen werden diese Jahre im Leben des Künstlers in der Forschungsliteratur zumeist pauschal als »dunkle« oder »schwierige« Episode bezeichnet und sind untrennbar mit den Begriffen Diffamierung, *Entartete Kunst* und Malverbot verbunden.[4] Der Rückgang der künstlerischen Tätigkeit wird vornehmlich auf den Ausschluss aus der Reichskammer der bildenden Künste zurückgeführt, obwohl dieser erst 1941 erfolgte. Aus den wenigen bisher publizierten Autografen des Künstlers aus der Zeit des Nationalsozialismus lassen sich die Umstände seiner Arbeit kaum rekonstruieren. Antworten auf die Fragen, wie er die Repressalien des NS-Staates gegen Künstler:innen der Klassischen Moderne erlebte und welchen Einfluss die politische Lage auf seine Lebenssituation und auf sein Kunstschaffen hatte, lassen sich insbesondere aus den Briefen an Paula Risch ableiten, in denen er offen über seine berufliche Tätigkeit berichtet und die politischen Ereignisse kommentiert.

Die Korrespondenz gewährt Einblicke in verschiedene Thematiken seines Lebens während des Nationalsozialismus, die hier einführend betrachtet werden sollen. Dazu gehört die Situation der Vertreter:innen der Klassischen Moderne im Allgemeinen und Schmidt-Rottluffs im Speziellen. Welche Möglichkeiten hatte er, seine Kunst auszustellen und zu verkaufen, und wie beeinflusste die nationalsozialistische Kulturpolitik seine Berufsausübung? In besonderem Maße soll hier auch das 1941 verhängte Berufsverbot betrachtet werden, um Anhaltspunkte zu gewinnen, wie es sich auf sein künstlerisches Arbeiten auswirkte. Schließlich soll anhand der Korrespondenz untersucht werden, wie die politischen und gesellschaftlichen Veränderungen während der nationalsozialistischen Diktatur und des Krieges die persönlichen Lebensumstände des Künstlers und sein Kunstschaffen prägten. Basierend auf den vorliegenden Dokumenten wird somit erstmals ein differenziertes Bild des künstlerischen Schaffens Karl Schmidt-Rottluffs in den Jahren von 1933 bis 1945 entworfen.

Die Klassische Moderne während des Nationalsozialismus

Eine der bekanntesten kulturpolitischen Maßnahmen der nationalsozialistischen Regierung war die Aktion *Entartete Kunst*, in deren Verlauf Werke der Klassischen Moderne und solche von als jüdisch kategorisierten Künstler:innen aus öffentlichen Sammlungen beschlagnahmt und in einer großen Wanderausstellung offiziell diffamiert wurden.[5] Die Mehrzahl der Vertreter des Brücke-Expressionismus war davon betroffen.[6] Das lag unter anderem daran, dass ihre Werke zuvor substantielle Bestandteile eines zeitgemäßen Museums der Weimarer Republik gewesen waren.

Die Beschlagnahme der Kunstwerke und deren bewusst entwertende Präsentation auf der im Juli 1937 in München eröffneten gleichnamigen Feme-Ausstellung trugen maßgeblich dazu bei, dass die betroffenen Künstler:innen nach dem Zweiten Weltkrieg pauschal als Opfer des Nationalsozialismus aufgefasst wurden, ohne ihre persönliche Haltung gegenüber dem System und seinen Wertevorstellungen zu berücksichtigen, geschweige denn sie differenziert zu betrachten.

Der alleinige Umstand, Vertreter:in eines bestimmten Stils gewesen zu sein, der heute der Klassischen Moderne zugeordnet wird, wurde als Ausdruck von Widerständigkeit gewertet.[7] Dieselbe Einschätzung wurde auf die Akteur:innen des Kunstmarktes wie Händler:innen, Sammler:innen oder Museumspersonal übertragen, die während des Nationalsozialismus mit Künstler:innen oder Werken der Klassischen Moderne in Verbindung standen. Obwohl einige Zeitzeug:innen nach dem Zweiten Weltkrieg durchaus dieses durch Verdrängungs- und Tabuisierungsmechanismen begünstigte Schwarz-Weiß-Denken kritisierten, wird erst in der jüngeren Forschung versucht, ein detaillierteres Bild von der Situation der Kunst der Klassischen Moderne im Nationalsozialismus zu zeichnen.[8] So wird heute rekonstruiert, wie der Handel und das Ausstellen von moderner Kunst abseits der öffentlichen Museen möglich war und wie die Repressionen gegen verschiedene als verfolgt geltende Künstler:innen sich tatsächlich darstellten.[9] Dies ist ein ebenso schwieriges Unterfangen, wie die Beantwortung der Frage, ob und in welchem Ausmaß ein/e Künstler:in der nationalsozialistischen Ideologie nahe stand.

Emil Nolde ist ein besonders markantes Beispiel für einen Künstler, der nationalsozialistische Überzeugungen teilte, aber aufgrund seiner Bildsprache nach 1945 als Opfer des Regimes galt.[10] Ferner lässt sich auch in Biografien anderer Vertreter:innen der Klassischen Moderne das Narrativ des/der unterdrückten, verfolgten Künstler:in nicht ungebrochen aufrecht erhalten, sondern es finden sich ebenso Hinweise auf eine Befürwortung von zumindest Teilen der nationalsozialistischen Ideologie oder auf gut laufende Geschäfte. Eine eindeutige Beurteilung ist aus heutiger Sicht äußerst schwierig, denn zumeist enthalten die Biografien beides: Erlebnisse staatlicher Repressalien und Anerkennung für die künstlerische Arbeit oder wenigstens die Möglichkeit, ihr mehr oder weniger ungestört nachzugehen.

So erfuhr Bernhard Hoetger, dem in der Nachkriegszeit die Rolle des »linken Künstlers« attestiert wurde, zwar die Diffamierung seiner Werke durch die Aktion *Entartete Kunst*. Den Ideen des Nationalsozialismus stand er allerdings so nahe, dass er bereit war, seine vor 1933 entstandenen Werke für das »zukünftige Deutschland« zu vernichten.[11] Er distanzierte sich von ihnen und beschuldigte die »jüdische Presse«, zu starken Einfluss auf sein damaliges Kunstschaffen und den von ihm angewendeten Formenkanon gehabt zu haben.[12] Hoetger bediente sich hier eines gängigen antisemitischen Topos der frühen Phase des Nationalsozialismus, in der Verschwörungstheorien gegen jüdische Akteure des Kulturbetriebes verbreitet waren.

Nicht für alle Künstler:innen der Klassischen Moderne ist selbstverständlich eine derartige Nähe zur nationalsozialistischen Ideologie belegt, die vermeintliche Opferrolle als politisch Verfolgte muss dennoch in jedem Einzelfall kritisch hinterfragt werden. Denn nur so ist es möglich, den tatsächlichen Opfern des nationalsozialistischen Regimes gerecht zu werden. Da einige Vertreter:innen der Klassischen Moderne in Deutschland ausgeprägte nationalistische Ansichten hatten, gab es für diese genügend Anknüpfungspunkte mit nationalsozialistischen Ausgrenzungsmechanismen gegen das vermeintlich Fremde. Die Idee einer genuin deutschen, nordischen oder germanischen expressionistischen Kunst reicht schon in die Kunstkritik der späten Kaiserzeit zurück.[13] Dabei wurden die politischen Bezüge der verschiedenen Strömungen der Kunst der Klassischen Moderne in Deutschland von zeitgenössischen Rezensenten durchaus erkannt und teilweise ganz unterschiedlich bewertet. Die Werke expressionistischer Künstler:innen wurden einerseits als eine Folge ihrer Auseinandersetzung mit der französischen Avantgarde der Jahrhundertwende angesehen und andererseits in Abgrenzung zu eben dieser als spezifisch deutsche Strömung innerhalb der Kunst der Moderne verstanden.[14] Gleichzeitig waren die Künstler:innen spätestens seit der Zeit der Weimarer Republik Diffamierung und Hetze ausgesetzt, die sie als Vertreter:innen einer so genannten Verfallszeit diskreditierten. Der Topos der vermeintlich nordisch-deutschen Ausprägung der Moderne hatte zur Folge, dass nach der Machtübernahme der Nationalsozialisten zunächst diskutiert wurde, ob nicht gerade der deutsche Expressionismus und vor allem die Vertreter der Brücke und Ernst Barlach als angemessene Position und Ausdruck für die nationalsozialistische Kunst angesehen werden könnten.[15] Mitglieder des Nationalsozialistischen Studentenbundes und Joseph Goebbels sprachen sich für die Kunst des deutschen Expressionismus aus und versuchten, Künstler:innen der Klassischen Moderne, die nicht als jüdisch verfolgt wurden, an das Regime zu binden. Auch Schmidt-Rottluff äußerte sich in seinen Briefen an Carl Hagemann bis in das Jahr 1936 hinein immer wieder positiv über die eigene Situation innerhalb der nationalsozialistischen Kulturpolitik und brachte den Wunsch zum Ausdruck, dass die Kunst des deutschen Expressionismus ihren Platz in den staatlichen Kultureinrichtungen erhalte.[16] [Abb. 2] Vor allem mit der Einrichtung der Reichskulturkammer Ende des Jahres 1933 verband er die Hoffnung auf eine gleichberechtigte Behandlung der Künstler:innen verschiedener Strömungen von Seiten der Kulturpolitik. Die dort eingesetzten Personen seien vernünftige Leute und sehr modern gesinnt, schrieb er 1933 an Hagemann und prognostizierte, dass die Diffamierung der modernen Kunst offiziell »abgeblasen« worden sei.[17] Schmidt-Rottluff versprach sich also eine Verbesserung seiner persönlichen Situation. Sicherlich war er als Vertreter der Klassischen Moderne verunsichert, allein durch solche Vorfälle wie 1930 in Weimar oder durch die Entlassung vieler Museumsdirektoren kurz nach der Machtübernahme der Nationalsozialisten.[18] Jedoch war die Vereinigung der Kunstschaffenden in der

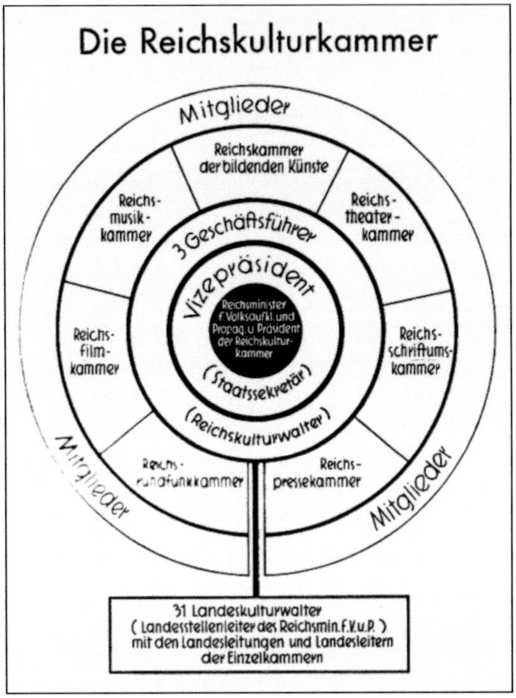

[2] Schema der Organisation der Reichskulturkammer (mit den Unterkammern), 1937

Reichskammer der bildenden Künste, einer Untergruppe der Reichskulturkammer, tatsächlich Teil der reichsweiten Gleichschaltung von Berufsverbänden, Vereinen und anderen Zusammenschlüssen, die sofort nach dem Regierungsantritt der Nationalsozialisten einsetzte. Sie sollte später noch als repressives Machtinstrument gegenüber ihren Mitgliedern gebraucht werden.[19]

Die entschiedenste Manifestation der schließlich ablehnenden Haltung der offiziellen Kulturpolitik gegenüber der Kunst der Klassischen Moderne war zweifelsohne die bereits erwähnte Aktion *Entartete Kunst*. Die Beschlagnahme der Werke aus den öffentlichen Museen wurde in der Zeit von Juli 1937 bis März 1938 von verschiedenen Kommissionen durchgeführt. Öffentlichkeitswirksamer Auftakt war die gleichnamige Feme-Ausstellung. Sie stellte nicht nur für die Künstler:innen eine beispiellose Verunglimpfung dar, für viele Museen resultierten aus den Beschlagnahmen erhebliche Verluste. Expressionistische Werke waren davon aufgrund der Sammlungsprofile in großem Maße betroffen. Da diese laut einer Statistik aus dem Jahr 1930 von jedem zweiten Museum in Deutschland erworben worden waren, ist ihre Anzahl unter den beschlagnahmten Werken besonders hoch.[20]

Schmidt-Rottluffs Verkäufe während des Nationalsozialismus

Karl Schmidt-Rottluff nahm die ambivalente Bewertung seiner Kunst durch die nationalsozialistische Regierung und deren Vertreter:innen im Kulturbetrieb wahr und beobachtete sie ständig. Auch wenn die Diskussion um die Anerkennung oder Ablehnung des deutschen Expressionismus während der ersten Jahre nach 1933 nicht entschieden schien, wie der Künstler selbst immer wieder feststellte, erfuhr er aufgrund der kulturpolitisch unklaren Linie seit dem Jahr 1933 bereits merkliche Einschränkungen in seiner Berufsausübung. Aus seinen Briefen wird deutlich, dass das Ausstellen und Verkaufen seiner Arbeiten schwieriger wurde. Diese Situation verschärfte sich nach der Beschlagnahmeaktion im Jahr 1937. Schrieb Schmidt-Rottluff 1936 noch an Paula Risch, dass »mit Ausstellen im Augenblick nicht viel los« sei, stellte er im August 1938 fest, dass er nicht mehr öffentlich ausstellen könne.[21] Verkaufsausstellungen waren für den Künstler jedoch von existentieller Bedeutung – erstens um seine neuesten Werke der Öffentlichkeit zu präsentieren und zweitens, um seinen Lebensunterhalt zu sichern. Wie sich die Ausstellungstätigkeit von Schmidt-Rottluff während des Nationalsozialismus darstellte, kann aufgrund der sehr lückenhaften Forschungslage nur vermutet werden. Aus den hier dokumentierten persönlichen Aussagen zusammen mit einigen Hinweisen auf Ausstellungen zumindest während der 1930er Jahre lässt sich schließen, dass es für den Künstler wohl schwierig, aber nicht unmöglich war, seine Werke zu präsentieren. So sind in der Berliner Galerie von Karl Buchholz Schauen des Künstlers für die Jahre 1934, 1935, 1937 und 1939 belegt.[22] [Abb. 3] Aus den Jahren 1935 und 1937 haben sich darüber hinaus zwei Kataloge erhalten.[23] Beide Ausstellungen präsentierten aktuelle Aquarelle des Künstlers, überwiegend Landschaften und Stillleben, die für diese Schaffensphase typischen Bildmotive. Auch in anderen Städten waren Werke Schmidt-Rottluffs zu sehen. So sandte er an Carl Hagemann 1936 die Rezension einer Ausstellung seiner Aquarelle in Köln.[24]

Die wirtschaftliche Bedrohung während des Nationalsozialismus, die Schmidt-Rottluff an verschiedenen Stellen explizit benennt, war sicherlich real. Bereits in einem Brief vom Dezember 1933 an Carl Hagemann schreibt er von dem »wunden Punkt«, dass »unter den gegebenen Umständen nicht zu verkaufen« sei.[25] Ebenso erwähnt er seine finanzielle Situation in den Briefen an Paula Risch, so beispielsweise im Dezember 1937, wenn er schreibt, dass er und seine Frau guten Mutes seien, obwohl er die »rein existentiellen Fragen« als schwierig empfand.[26] Die Aktion *Entartete Kunst* im Jahr 1937 stellte in diesem Zusammenhang eine Zäsur dar, da nun mit keinen staatlichen Ankäufen mehr zu rechnen war.

Doch Schmidt-Rottluff hatte bereits 1936 eine alternative Strategie entwickelt, die über mehrere Jahre tragfähig sein sollte. Wie

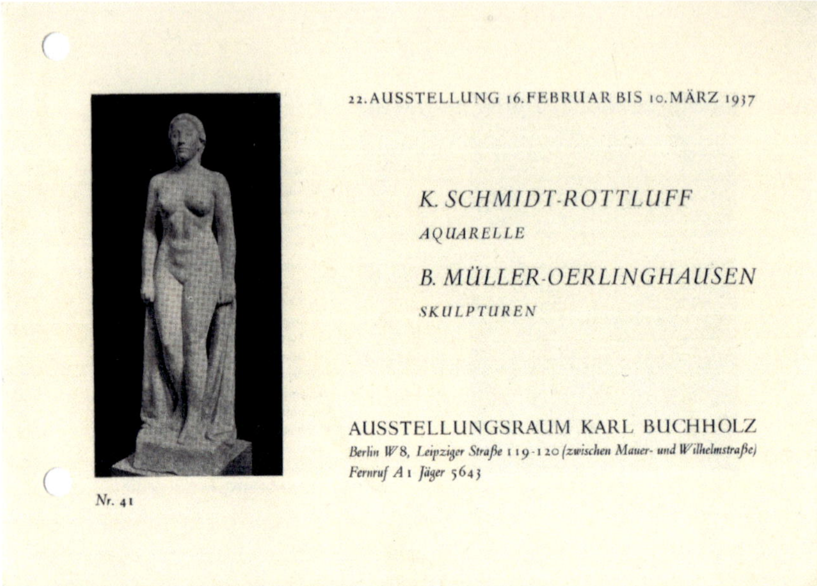

22. AUSSTELLUNG 16. FEBRUAR BIS 10. MÄRZ 1937

K. SCHMIDT-ROTTLUFF

AQUARELLE

B. MÜLLER-OERLINGHAUSEN

SKULPTUREN

AUSSTELLUNGSRAUM KARL BUCHHOLZ

Berlin W 8, Leipziger Straße 119-120 *(zwischen Mauer- und Wilhelmstraße)*

Fernruf A 1 *Jäger* 5643

Nr. 41

[3] Deckblatt eines Ausstellungskatalogs von Karl Schmidt-Rottluff, Ausstellungsraum Karl Buchholz, Berlin, 1937

aus den Schreiben an Paula Risch hervorgeht, verstärkte er den Ausbau seines Netzwerkes mit privaten Kunstsammler:innen.[27] Denn das rückwirkend verabschiedete *Gesetz über die Einziehung von Erzeugnissen Entarteter Kunst* vom 31. Mai 1938 bezog sich ausschließlich auf öffentliche Sammlungen und nicht auf private Haushalte. Beschlagnahmen aus Privatbesitz hatten dementsprechend nicht stattgefunden, auch wenn nicht auszuschließen ist, dass die allgemeine politisch repressive Stimmung Angst vor Konfiszierungen auch bei einigen Privatpersonen schürte.[28] Dass der Handel mit moderner Kunst während des Nationalsozialismus durchaus lebendig war, lässt sich unter anderem anhand der Steuererklärung Emil Noldes ablesen. Für das Jahr 1940 hatte der Künstler ein Einkommen von 80.000 RM angegeben.[29] Auch in den anderen Jahren zwischen 1937 bis 1941 gehörte Nolde zu den am besten verdienenden Künstlern in Deutschland.[30]

Über die Menge an Werken Schmidt-Rottluffs, die während des Nationalsozialismus auf dem Kunstmarkt gehandelt wurden, sowie über die beteiligten Personen ist derzeit noch kaum etwas bekannt. Auch hier bieten die Briefe des Künstlers an Paula Risch Aufschluss. Sie geben Auskunft darüber, wie der Künstler versuchte, seine Werke über private Kontakte zu verkaufen und damit seinen Lebensunterhalt zu sichern. Im Juni 1938 erkundigte er sich beispielsweise persönlich bei Paula Risch, ob sie Interesse daran habe, eine Reihe von Aquarellen zur Ansicht zu erhalten, in der Hoffnung, dass sie einige davon erwerben oder potentiellen Käufer:innen zeigen möge.[31] Das Konvolut hatte zuvor bereits in Frankfurt am Main Station gemacht.[32] Der sehr zurückhaltende Ton des Künstlers deutet daraufhin, dass derartige Geschäfte bis dahin zwischen ihm und Paula Risch nicht üblich waren. [Abb. 4a/b] In der Korrespondenz hat sich auch eine Auflistung von Aquarellen mit Preisangaben erhalten. Die Preise liegen zwischen 350 und 500 RM pro Blatt.[33] Eine Identifizierung der Werke ist aufgrund fehlender Details und sehr allgemeiner Werktitel nicht möglich. Es wird jedoch deutlich, dass die Aquarelle sich im für die Schaffensphase typischen Motivspektrum des Künstlers bewegten.[34]

Eine Einordnung der gelisteten Preise ist angesichts des aktuellen Forschungsstandes schwierig. Denn oftmals sind die Maße der Werke nicht angegeben, und die Inflationsrate hatte nur teilweise Einfluss auf die Preise am Kunstmarkt, da diese speziellen Dynamiken unterliegen. Außerdem sind die Quellen zur Preisentwicklung von Werken Schmidt-Rottluffs nicht umfassend ausgewertet. Einen gewissen Anhaltspunkt bieten jedoch die bekannten Erlöse aus anderen Verkäufen dieser Jahre: Noch vor dem Machtwechsel, im Jahr 1932, verkaufte Schmidt-Rottluff dem Sammler Carl Hagemann ein Gemälde mit dem Titel Doppelbildnis für 2.800 RM.[35] Vier Jahre später verlangte er von Hagemann für Landschaftsgemälde und Stillleben einen ähnlichen Preis, nämlich zwischen 2.400 und 3.400 RM.[36] Die Preise für Werke des deutschen Expressionismus waren seit Ende der 1920er Jahre stabil und lagen dabei deutlich unter denen für Werke des deutschen Impressionismus, beispielsweise von Lovis Corinth oder Max Liebermann.[37] Daran änderte sich auch nach dem Machtwechsel im Jahr 1933 nichts. Selbst die Aktion *Entartete Kunst* hatte keinen massiven Preisabfall zur Folge, wie bereits für Arbeiten von Erich Heckel, Ernst Ludwig Kirchner, Franz Marc und Emil Nolde ermittelt wurde.[38] Ganz ähnlich verhält es sich auch im Fall von Karl Schmidt-Rottluff. Die an Paula Risch gesandte Liste stammt aus der Zeit nach der Beschlagnahmeaktion und verzeichnet im Vergleich zu einem 1934 an Carl Hagemann übermittelten Verzeichnis sogar leicht gestiegene Preise.[39]

Mit Beträgen von 350 bis 500 RM für Aquarelle und 2.400 bis 3.400 RM für Gemälde gehörte Schmidt-Rottluff Mitte bis Ende der 1930er Jahre vermutlich nicht zu den absoluten Topverdienern. Im Jahr 1938 erwarb Joseph Goebbels auf der Großen Deutschen Kunstausstellung in München beispielsweise ein Genrebild von Paul Junghanns für 12.000 RM.[40] Allerdings liegt der 1936 für ein Gemälde Schmidt-Rottluffs erzielte Preis von 2.400 bis 3.400 RM, gemessen an den Preisen auf der Großen Deutschen Kunstausstellung im Jahr 1938, zumindest im oberen Viertel.[41] Dieser Vergleich ist besonders aussagekräftig, da die Exponate der seit 1937 jährlich stattfindenden Ausstellung eine Art Vorbildfunktion für zeitgenössische

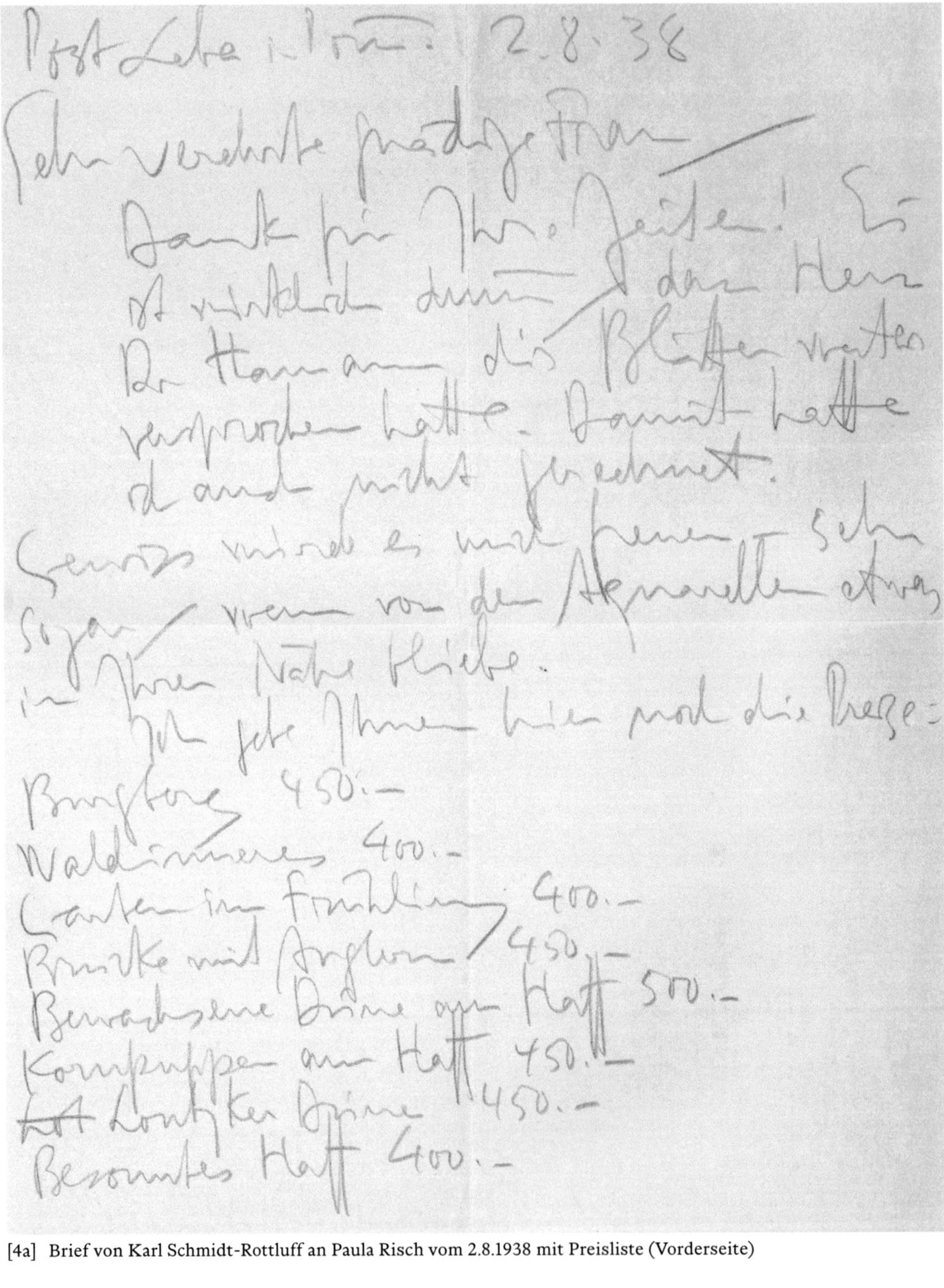

Post Lebe i. Pom. 2.8.38

Sehr verehrte gnädige Frau –

Dank für Ihre Zeilen! Es ist wirklich dumm, daß Herr Dr. Hausmann die Blätter weiter versprochen hatte. Damit hatte ich auch nicht gerechnet.

Gewiss würde es mich freuen, sehr sogar, wenn von den Aquarellen etwas in Ihrer Nähe bliebe.

Ich gebe Ihnen hier noch die Preise:

Burgtore 450.–
Waldinneres 400.–
Garten im Frühling 400.–
Brücke mit Anglern 450.–
Bewachsene Düne am Haff 500.–
Kornpuppen am Haff 450.–
~~Haff~~ Lontzker Düne 450.–
Besonntes Haff 400.–

[4a] Brief von Karl Schmidt-Rottluff an Paula Risch vom 2.8.1938 mit Preisliste (Vorderseite)

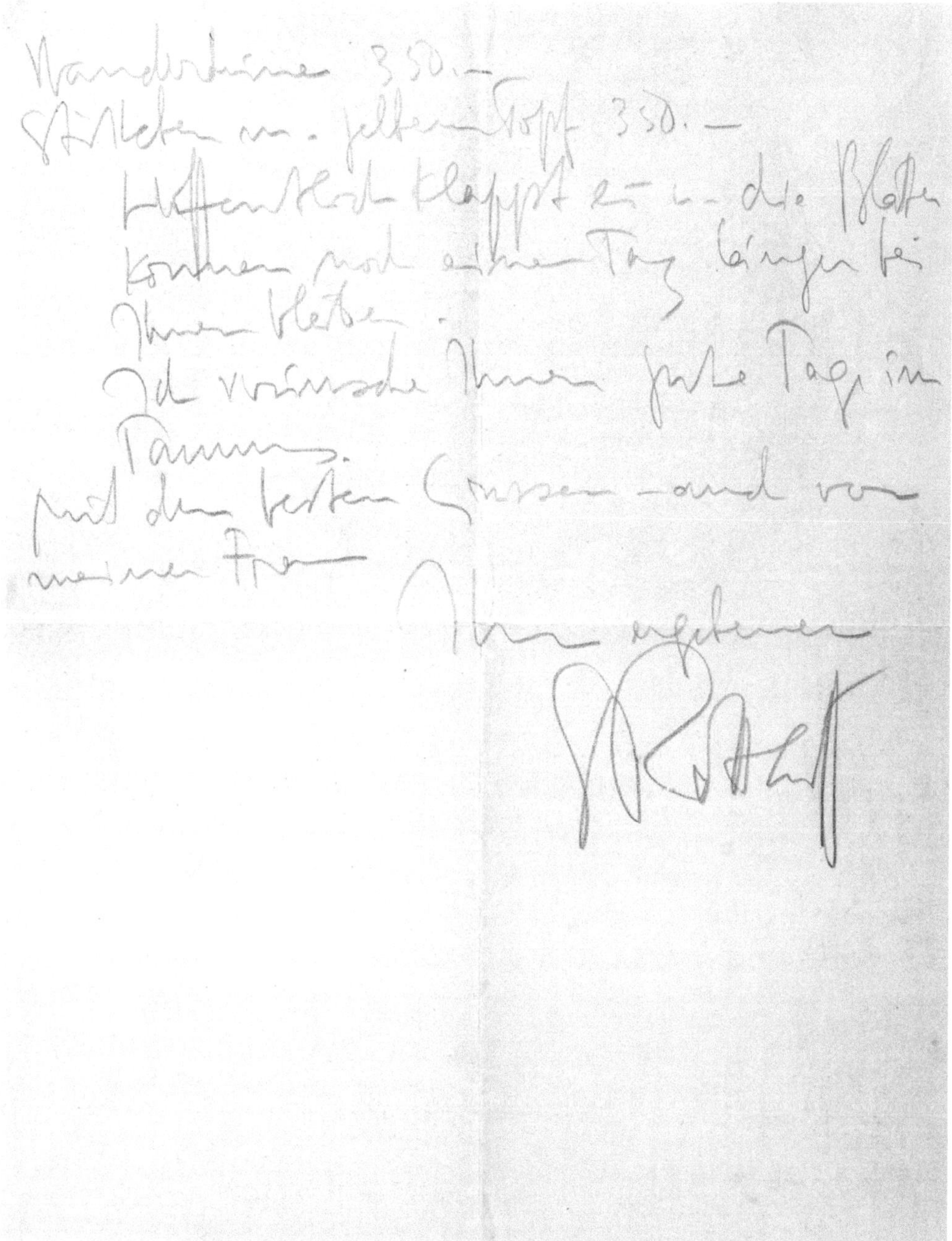

Wanderdüne 350.–
Stilleben m. gelbem Topf 350.–
Hoffentlich klappt es nun – die Blätter
könnten noch einen Tag länger bei
Ihnen bleiben.
Ich wünsche Ihnen gute Tage im
Taunus.
mit den besten Grüssen – auch von
meiner Frau
Ihr ergebener
S Rottluff

[4b] Brief von Karl Schmidt-Rottluff an Paula Risch vom 2.8.1938 mit Preisliste (Rückseite)

Künstler:innen einnehmen sollten.[42] Die hier erzielten Preise können also als repräsentativ für damals lebende Künstler:innen gelten. Schmidt-Rottluff selbst nahm indes nie an der Schau teil.

Weiterhin vermittelte Paula Risch offenbar ihrem Cousin, Adolf Thomer, im Jahr 1936 ein Blatt von Karl Schmidt-Rottluff.[43] 1943 war sie darüber hinaus ihrem Bruder behilflich, mehrere Werke zu kaufen.[44] Ferner ließ Schmidt-Rottluff im November des Jahres eine Auswahl von Aquarellen von Hanna Bekker vom Rath zusammenstellen und an Paula Risch senden.[45] Risch wollte diese verschiedenen Freund:innen präsentieren. Tatsächlich erwarb ihr Bruder im Februar 1944 eines der Blätter, wie aus einem Schreiben Rischs an Schmidt-Rottluff hervorgeht, in dem sie zusätzlich betont, mit wieviel Genuss sie die Arbeiten gustierte.[46] Ob sie selbst Teile dieser Konvolute erwarb, ist unklar. Im Vergleich zu den wichtigen Mäzen:innen des Künstlers, wie beispielsweise Carl Hagemann und Hanna Bekker vom Rath, sind die Geschäftsbeziehungen zwischen Schmidt-Rottluff und Paula Risch eher als Einzelfälle einzuordnen.[47]

Mythos Malverbot. Schmidt-Rottluffs Ausschluss aus der Reichskammer der bildenden Künste

Die Thematik des Mal- und Ausstellungsverbots während des Nationalsozialismus findet sich in zahlreichen Biografien deutscher Künstler:innen des 20. Jahrhunderts, die in der Zeit nach 1945 publiziert worden sind. Die Attestierung eines staatlich verhängten Malverbots erfolgte dabei ungeachtet der Tatsache, dass nach heutigem Forschungsstand weder Hinweise auf die Anwendung noch auf die Existenz eines derartigen Verbots zu finden sind. Allerdings gab es eine andere Möglichkeit, Künstler:innen in ihrer Berufsausübung zu behindern oder diese in Einzelfällen fast gänzlich zu unterbinden, und zwar den Ausschluss aus der bereits erwähnten Reichskammer der bildenden Künste. Die Mitgliedschaft in der Reichskammer war zwingend erforderlich, um einen künstlerischen Beruf auszuüben oder einer anderen Tätigkeit im Kulturbereich nachzugehen.[48] Sie ermöglichte es Künstler:innen unter anderem, sich an Ausstellungen zu beteiligen, Malmaterialien und in finanziellen Notsituationen sogar Unterstützung zu erhalten. Ein Ausschluss kam mithin einem Berufsverbot gleich, wenn auch den betroffenen Künstler:innen nicht untersagt wurde, im Privaten weiter tätig zu sein.[49] Die Reichskammer war somit in der Lage, der betreffenden Person die Existenzgrundlage zu entziehen.[50] Ein Ausschluss konnte bei sogenannten nicht Anpassungswilligen oder ausländischen Künstler:innen angewendet werden sowie bei Personen, die nach nationalsozialistischer Rassenlehre als jüdisch kategorisiert oder mit einer als jüdisch kategorisierten Person verheiratet waren. Ebenso konnten unter anderem Vorstrafen, ein Umzug ohne Mitteilung der Adressänderung oder ein Nichtzahlen des Mitgliedsbeitrages zum Ausschluss aufgrund vermeintlicher Unzuverlässigkeit führen.

Das NS-Regime verfügte damit über ein repressives Machtinstrument gegen die Kulturschaffenden des Landes, denn vor allem das Argument der Unzuverlässigkeit oder des mangelnden Anpassungswillens bot einen großen Auslegungsspielraum und öffnete willkürlichem bzw. politisch motiviertem Gebrauch alle Türen. Tatsächlich kann aber bis heute für den Großteil der Vertreter:innen der Klassischen Moderne in Deutschland kein Ausschluss aus der Reichskammer nachgewiesen werden. Darüber hinaus führte in den meisten bisher bekannten Fällen nicht die Zugehörigkeit zu einem bestimmten Stil oder die politische Einstellung zu einem Ausschluss und damit zu einem faktischen Berufsverbot, sondern die Kategorisierung der Künstler:innen oder ihrer Ehepartner:innen als jüdisch nach den Nürnberger Rassengesetzen, die 1935 erlassen worden waren.[51] Ganz ähnlich war die Situation der Schriftsteller:innen im Nationalsozialismus, die in der Reichsschrifttumskammer vereint waren. Auch hier wurden durchaus Personen aufgenommen, die den linken oder liberalen Parteien nahestanden, und sie behielten ihre Mitgliedschaft auch, abgesehen von einigen exponierten Fällen, über die gesamte Dauer der nationalsozialistischen Diktatur.[52]

Bereits 1934 hatte Joseph Goebbels gefordert, dass als jüdisch kategorisierte Künstler:innen schnell von der Kammer auszuschließen seien.[53] Jemand, der mit einer als jüdisch kategorisierten Person verheiratet war oder dessen Elternteile als jüdisch kategorisiert waren, konnte nach den Richtlinien der Reichskulturkammer nur in Ausnahmefällen Mitglied bleiben. So wurde beispielsweise Edwin Scharff am 28. November 1940 aufgrund seiner als jüdisch kategorisierten Frau ausgeschlossen.[54] Dasselbe widerfuhr bereits 1938 auch Karl Hofer, ebenfalls aufgrund seiner Ehefrau, die nach den Rassengesetzen als jüdisch galt.[55] Das seit vielen Jahren in Trennung lebende Paar wurde im Juli 1938 auf Drängen Hofers geschieden, mit weit reichenden Folgen für beide Ehepartner. Hofer, der daraufhin seine langjährige Partnerin Elisabeth Schmidt heiratete, wurde nach erfolgter Scheidung wieder in die Kammer aufgenommen. Seine geschiedene Ehefrau Mathilde wurde 1942 in Auschwitz ermordet.

Die antisemitisch motivierte Verfolgung war also ein viel gravierenderer Faktor in der Frage, ob ein/e Künstler:in während des Nationalsozialismus tätig sein konnte oder nicht. So wurden auch Conrad Felixmüller und Max Pechstein in den Jahren 1940 und 1941 überprüft, aber letztendlich nicht ausgeschlossen.[56] Eine Künstlerin wie Käthe Kollwitz, die von der Kammer im September 1937 als politisch unzuverlässig eingestuft wurde, da sie von »kommunistischen Ideen« stark beeinflusst sei, wurde und blieb Mitglied des Berufsverbandes bis zum Ende des Nationalsozialismus.[57]

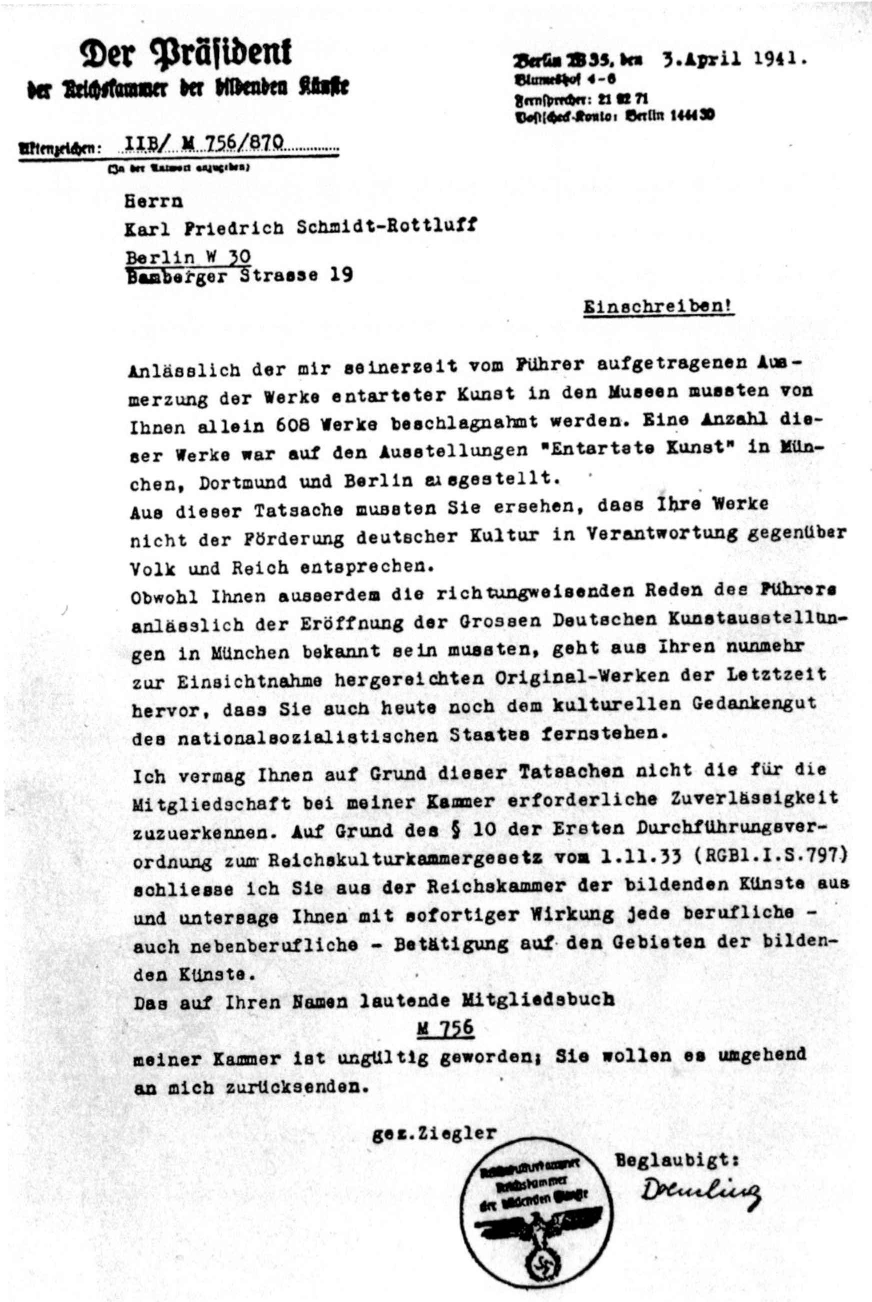

Der Präsident
der Reichskammer der bildenden Künste

Berlin W 35, den 3. April 1941.
Blumeshof 4-6
Fernsprecher: 21 92 71
Postscheck-Konto: Berlin 144430

Aktenzeichen: IIB/ M 756/870
(In der Antwort anzugeben)

Herrn
Karl Friedrich Schmidt-Rottluff
Berlin W 30
Bamberger Strasse 19

Einschreiben!

Anlässlich der mir seinerzeit vom Führer aufgetragenen Ausmerzung der Werke entarteter Kunst in den Museen mussten von Ihnen allein 608 Werke beschlagnahmt werden. Eine Anzahl dieser Werke war auf den Ausstellungen "Entartete Kunst" in München, Dortmund und Berlin ai sgestellt.
Aus dieser Tatsache mussten Sie ersehen, dass Ihre Werke nicht der Förderung deutscher Kultur in Verantwortung gegenüber Volk und Reich entsprechen.
Obwohl Ihnen ausserdem die richtungweisenden Reden des Führers anlässlich der Eröffnung der Grossen Deutschen Kunstausstellungen in München bekannt sein mussten, geht aus Ihren nunmehr zur Einsichtnahme hergereichten Original-Werken der Letztzeit hervor, dass Sie auch heute noch dem kulturellen Gedankengut des nationalsozialistischen Staates fernstehen.

Ich vermag Ihnen auf Grund dieser Tatsachen nicht die für die Mitgliedschaft bei meiner Kammer erforderliche Zuverlässigkeit zuzuerkennen. Auf Grund des § 10 der Ersten Durchführungsverordnung zum Reichskulturkammergesetz vom 1.11.33 (RGBl.I.S.797) schliesse ich Sie aus der Reichskammer der bildenden Künste aus und untersage Ihnen mit sofortiger Wirkung jede berufliche – auch nebenberufliche – Betätigung auf den Gebieten der bildenden Künste.
Das auf Ihren Namen lautende Mitgliedsbuch
M 756
meiner Kammer ist ungültig geworden; Sie wollen es umgehend an mich zurücksenden.

gez. Ziegler

Beglaubigt:

[5] Schreiben zum Ausschluss von Karl Schmidt-Rottluff aus der Reichskulturkammer, 1941

Zu den wenigen heute bekannten Ausschlüssen aus der Reichskammer der bildenden Künste, die nicht aus antisemitischen Gründen erfolgten, gehören die der Künstler Emil Nolde und Karl Schmidt-Rottluff. [Abb. 5] Das Schreiben der Reichskammer, das am 3. April 1941 an Schmidt-Rottluff ging, gleicht in großen Teilen dem Wortlaut des Schreibens an Emil Nolde, das auf den 23. August desselben Jahres datiert ist.[58] Beiden Künstlern war die Unvereinbarkeit ihres Schaffens mit den Vorstellungen der nationalsozialistischen Kulturpolitik bereits durch die Beschlagnahme ihrer Werke sowie deren Präsentation im Rahmen der Aktion *Entartete Kunst* vor Augen geführt worden. Nach Prüfung der aktuellen Arbeiten, so heißt es, komme die Kammer zu dem Schluss, dass der jeweilige Adressat auch zu diesem Zeitpunkt »noch dem kulturellen Gedankengut des nationalsozialistischen Staates fern stehe«. Aufgrund fehlender »Zuverlässigkeit« wurden beide aus der Kammer ausgeschlossen.

Auch wenn der Ausschluss der beiden Künstler in einer Phase erfolgte, in der von den Parteifunktionären konsequentere Maßnahmen gegen politische Abweichler gefordert wurden, was unter anderem in einer gestiegenen Zahl ausgeschlossener Schriftsteller:innen zum Ausdruck kam, sind die Gründe im Fall Noldes anscheinend auch biografischer bzw. innerparteilicher Natur.[59] So basierte sein Ausschluss vermutlich auf einer hohen Verdienstabrechnung des Künstlers, die einige Parteifunktionäre verärgerte und innerparteiliche Konflikte aufflammen ließ, wie in der rezenten Forschungsliteratur diskutiert wird.[60] Dagegen ist unklar, warum Schmidt-Rottluff ein Berufsverbot erteilt wurde. Wichtig ist hier zu betonen, dass es sich nicht um ein generelles Malverbot handelte. Lediglich die berufliche und nebenberufliche Tätigkeit wurde untersagt, denn eine Mitgliedschaft in der Reichskammer der bildenden Künste war nur dann zwingend notwendig, wenn die Werke der Öffentlichkeit zugänglich gemacht werden sollten.[61] Privat konnte der Künstler also weiter arbeiten.

Das war Schmidt-Rottluff durchaus bewusst, und so scheint das Berufsverbot zunächst keinen Einfluss auf sein Kunstschaffen gehabt zu haben. Ein Brief an Paula Risch ist das derzeit einzige bekannte Zeugnis des Künstlers, in dem er seinen Kammerausschluss thematisiert. [Abb. 12 a/b] Im Dezember 1941 schrieb er, dass ihm seit einem dreiviertel Jahr jede berufliche und nebenberufliche Tätigkeit auf Erlass der Kammer untersagt sei.[62] Er könne sich, so merkt er ironisch an, nur noch als »Amateur« betätigen. Ferner habe er im Sommer ständig gearbeitet und sich somit den Ärger »abreagiert«. Auch aus anderen Zeugnissen des Künstlers geht nicht hervor, dass das Berufsverbot anfänglich einen Einschnitt seiner Tätigkeit bewirkte. An Gunther Thiem schrieb er ebenfalls im Dezember 1941 – ohne den Erlass überhaupt zu erwähnen –, dass er bis weit in den Herbst hinein viel gearbeitet habe.[63] Im selben Jahr vermittelte ihm

Hanna Bekker vom Rath darüber hinaus einen Auftrag von Helmuth James von Moltke.[64] Dieser lud den Künstler auf sein Schloss in Kreisau ein und beauftragte ihn damit, die schlesische Landschaft bildnerisch festzuhalten. Schmidt-Rottluff kam der Einladung trotz offiziellem Berufsverbot nach und verbrachte im September 1942 zwei Wochen bei von Moltke. Es entstanden mehrere Pastelle und Aquarelle, die der Künstler zunächst mit in sein Berliner Atelier nahm. Später erwarb die Familie von Moltke einige dieser Werke. Tatsächlich scheint das Kunstschaffen Schmidt-Rottluffs in diesen Jahren weniger durch die kulturpolitischen Beschränkungen, als durch die private und die politische Lage beeinflusst gewesen zu sein, wie im folgenden Abschnitt noch näher untersucht wird.

Die wirtschaftliche Bedrohung, der sich das Ehepaar Schmidt-Rottluff seit dem Regierungsantritt der Nationalsozialisten ausgesetzt sah, wurde durch das Berufsverbot noch verschärft, denn nun waren dem Künstler auch Verkaufsausstellungen in privaten Kunsthandlungen untersagt. Außerdem verstarb im November 1940 mit Carl Hagemann ein wichtiger Mäzen. Sein privates Netzwerk gewann in dieser Zeit also immer stärker an Gewicht, um den Lebensunterhalt zu sichern. Das gilt besonders für die Unterstützung durch Hanna Bekker vom Rath, die auch in den Schreiben an Paula Risch mehrmals erwähnt wird.[65] Darüber hinaus sind Erwerbungen von Gemälden und Aquarellen durch den Dresdner Sammler Hans Dittmayer bis in das Jahr 1943 belegt.[66] Verkäufe an Privatpersonen durch den Künstler selbst waren anscheinend weiterhin möglich. Aus einem Brief des Jahres 1942 an Gunther Thiem, der drei Aquarelle Schmidt-Rottluffs an einen potentiellen Käufer vermitteln wollte, geht allerdings hervor, dass der Künstler diese weitgehend verdeckt abwickeln wollte: »Sollte Ihr Bekannter von dem Mitgenommenen behalten wollen, mir bitte nichts über Kauf od. Geld schreiben. Betrag nehmen Sie einstweilen an sich, ich übermittle Ihnen dann Adresse, wo Sie's loswerden können.«[67] Bis in das Jahr 1945 scheint die Nachfrage nach Werken von Schmidt-Rottluff ungebrochen. Verschiedene Personen traten mit Erwerbungswünschen an den Künstler heran, der anscheinend sehr zurückhaltend mit Verkäufen war. Die Malerin Erika Bausch, Ehefrau von Viktor Bausch, dem Mitinhaber der Berliner Papierfabrik *Felix Schoeller und Bausch*, ersuchte ihn in einem Schreiben vom Mai 1943 um mehrere Aquarelle für sich und ihren Schwiegervater.[68] Vermutlich lagerten einige Werke Schmidt-Rottluffs bei dieser Familie ein, um passepartouriert zu werden. Auch der ehemalige Direktor des St. Annen-Museums in Lübeck Carl Georg Heise versuchte den Künstler im Januar 1945 dazu zu bewegen, ein Aquarell zu verkaufen.[69] In dem Schreiben versichert er, dass er solche Vermittlungsanfragen üblicherweise kategorisch verneine, aber im Falle von Ernst Boehringer, Inhaber des Pharmaziekonzerns C. H. Boehringer Sohn, wolle er eine

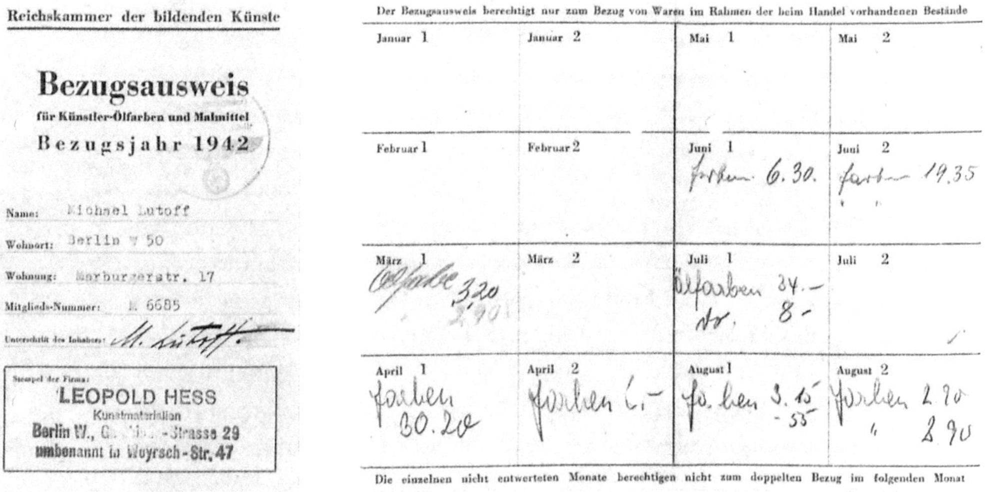

Reichskammer der bildenden Künste

Bezugsausweis
für Künstler-Ölfarben und Malmittel
Bezugsjahr 1942

Name: Michael Lutoff
Wohnort: Berlin W 50
Wohnung: Marburgerstr. 17
Mitglieds-Nummer: M 6685
Unterschrift des Inhabers: M. Lutoff

Stempel der Firma: LEOPOLD HESS Kunstmaterialien Berlin W., G... -Strasse 29 umbenannt in Woyrsch-Str. 47

Der Bezugsausweis berechtigt nur zum Bezug von Waren im Rahmen der beim Handel vorhandenen Bestände

Januar 1	Januar 2	Mai 1	Mai 2
Februar 1	Februar 2	Juni 1 Farben 6.30.	Juni 2 Farben 19.35
März 1 Ölfarbe 3.20 2.90	März 2	Juli 1 Ölfarben 34.– dto. 8.–	Juli 2
April 1 Farben 30.20	April 2 Farben 6.–	August 1 Farben 3.15 -.55	August 2 Farben 2.90 " 2.90

Die einzelnen nicht entwerteten Monate berechtigen nicht zum doppelten Bezug im folgenden Monat

[6] Bezugsausweis der Reichskammer der bildenden Künste von Michael Lutoff für das Jahr 1942

Ausnahme machen. Aus den hier genannten Briefen geht nicht hervor, ob die Ersuche erfolgreich waren. Sie sind aber Zeugnis dafür, dass der Künstler ein weitreichendes privates Netzwerk hatte, wodurch er seinen Lebensunterhalt bis zum Ende des Krieges bestreiten konnte.

Nachdem die Kulturpolitik des NS-Staates sich mit der Aktion *Entartete Kunst* offiziell dazu bekannt hatte, dass die stilistischen Mittel der Brücke-Künstler nicht dem gewünschten Formenkanon entsprachen, war der Ausschluss Schmidt-Rottluffs aus der Reichskammer der bildenden Künste sicherlich ein weiterer Grund dafür, dass sich der Künstler möglicherweise persönlich bedroht fühlte. Darüber hinaus ging damit noch eine stetige Materialknappheit einher. [Abb. 6] Die überlieferten Stempelkarten von Kammermitgliedern für Malmaterialien legen die Vermutung nahe, dass diese Ausweise zum Erwerb von Farbe und Trägermaterialien benötigt wurden. Denn der Bezug von Arbeitsmaterialien war reglementiert und ausschließlich Mitgliedern der Reichskammer der bildenden Künste vorbehalten.[70] Schmidt-Rottluff wurde diese Möglichkeit durch den Ausschluss aus dem Berufsverband erschwert oder sogar gänzlich genommen, was ihn schon bald am Arbeiten hinderte. Dies geht aus verschiedenen Quellen hervor: So beklagte er im Juli 1942 in einem Schreiben an den ehemaligen Chemnitzer Museumsdirektor Friedrich Schreiber-Weigand, dass ihn die Materialknappheit in seiner Tätigkeit blockiere.[71] Dies berichtete auch Hans Dittmayer seinem Sohn im Februar 1942 und Schmidt-Rottluff selbst Paula Risch im Januar 1943.[72] Die Annahme, dass der Künstler nunmehr lediglich Papierarbeiten schuf, ist dennoch falsch. Im Frühjahr 1942 teilte Hans Dittmayer seinem Sohn mit, dass er Schmidt-Rottluff in seinem Atelier besucht und dieser ihm seine neuesten Ölgemälde gezeigt habe.[73]

Auch wenn der Ausschluss aus der Reichskammer der bildenden Künste kein Mal- sondern ein Berufsverbot war, hatte dieser auf Schmidt-Rottluffs Lebensgrundlage sowie sein Kunstschaffen weitreichende Folgen, die sich durch die politische Situation in Deutschland noch verstärkten, denn 1941 befand man sich bereits mitten im Krieg. Die Frage nach den Gründen des Ausschlusses bleibt bestehen. Der Blick auf Schmidt-Rottluffs Künstlerkolleg:innen legt nahe, sie nicht unbedingt in der spezifischen Malweise zu suchen, da sich kein stringentes Muster erkennen lässt. Insbesondere die Erkenntnisse um den Ausschluss von Emil Nolde lassen die Vermutung zu, dass im Fall von Schmidt-Rottluff ebenfalls persönliche Faktoren oder parteiinterne Machtkämpfe ausschlaggebend gewesen sein könnten.

Schmidt-Rottluffs Kunstschaffen während des Nationalsozialismus

Karl Schmidt-Rottluffs Briefe an Paula Risch sind eine besondere Quelle hinsichtlich seines Kunstschaffens während des Nationalsozialismus. In keinen der anderen, bereits edierten Selbstzeugnissen aus dieser Zeit äußerst sich der Künstler so oft und ausführlich über seinen Arbeitsfortschritt und die Ereignisse, die ihn in seinem Kunstschaffen beeinflussten. Tatsächlich ist die künstlerische Tätigkeit Schmidt-Rottluffs in der Zeit des Nationalsozialismus heute kaum nachvollziehbar. Das hat verschiedene Ursachen. Erstens wird diese Zeit im Leben des Künstlers, wie zu Beginn erwähnt, in der Forschung zumeist summarisch als »dunkle Jahre« abgehandelt und nicht systematisch untersucht. Zweitens ist bisher kein Werkverzeichnis des Künstlers vorgelegt worden, weder zu seinen Gemälden, noch zu seinen Aquarellen oder Zeichnungen, sodass kaum vergleichende Aussagen über die Kunstproduktion in den verschiedenen Zeiträumen getroffen werden können. Und schließlich sind kaum Quellen aus der Zeit des Nationalsozialismus publiziert. Das erschwert den Zugang der Forschung zu den Werken, die in dieser Zeit entstanden sind. Denn die von den Künstler:innen des deutschen Expressionismus verfolgte Absicht, subjektive Empfindungen zu visualisieren, führt bis heute zu dem folgewidrigen Interpretationsansatz, anhand der individuell empfundenen Atmosphäre eines Werkes auf die Gefühlswelt des Produzenten oder der Produzentin zu schließen anstatt es mit Hilfe von Selbstzeugnissen biografisch und historisch zu kontextualisieren.[74]

In den Veröffentlichungen zum malerischen Werk Schmidt-Rottluffs sind viel weniger Gemälde aus den Jahren 1933 bis 1945 publiziert als aus der Zeit davor oder danach.[75] Allerdings lässt sich

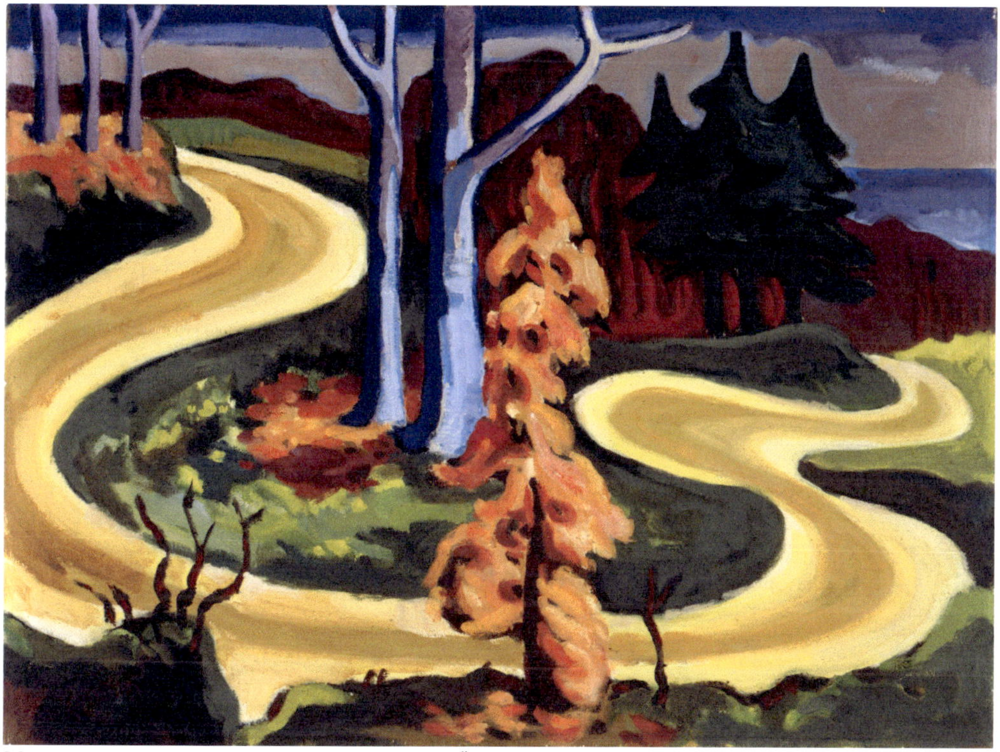

[7] Karl Schmidt-Rottluff, *Wegkehre im Taunus*, 1935, Öl auf Leinwand, 76,2 × 102,7 cm, Kunstsammlungen Chemnitz, Inv. Nr. L 26, Leihgabe aus Privatbesitz

nach heutigem Wissensstand kaum einschätzen, ob dies an der Fokussierung der Forschung auf die Jahre vor 1933 liegt, oder ob das Schaffen des Künstlers tatsächlich in so großem Umfang von den Ereignissen im Nationalsozialismus beeinflusst wurde. Dabei muss berücksichtigt werden, dass sich die politische Lage Deutschlands und die Lebensumstände für die Zivilbevölkerung zwischen 1933 und 1945 stetig verschärften. Darüber hinaus wurde die Atelierwohnung Schmidt-Rottluffs, in der zu diesem Zeitpunkt sicherlich neuere Arbeiten des Künstlers lagerten, zweimal durch Luftangriffe der Alliierten auf Berlin zerstört.[76]

Sehr viel mehr als die Ölgemälde standen bisher Schmidt-Rottluffs Aquarelle aus der Zeit des Nationalsozialismus im Fokus der Forschung, eine Technik, die von Beginn an einen großen Stellenwert in seinem künstlerischen Schaffen eingenommen hat.[77] Verschiedene Aufenthalte im Tessin in den Jahren 1927 bis 1929 prägten motivisch und stilistisch die Aquarellserien, die der Künstler in den folgenden Jahren bis in die späte Nachkriegszeit hinein schuf.[78] Bereits vor 1933 war die weichere Formauffassung, die in den Aquarellen vorherrschend ist, vollständig ausgeprägt. Es dominieren Landschaften und Still-

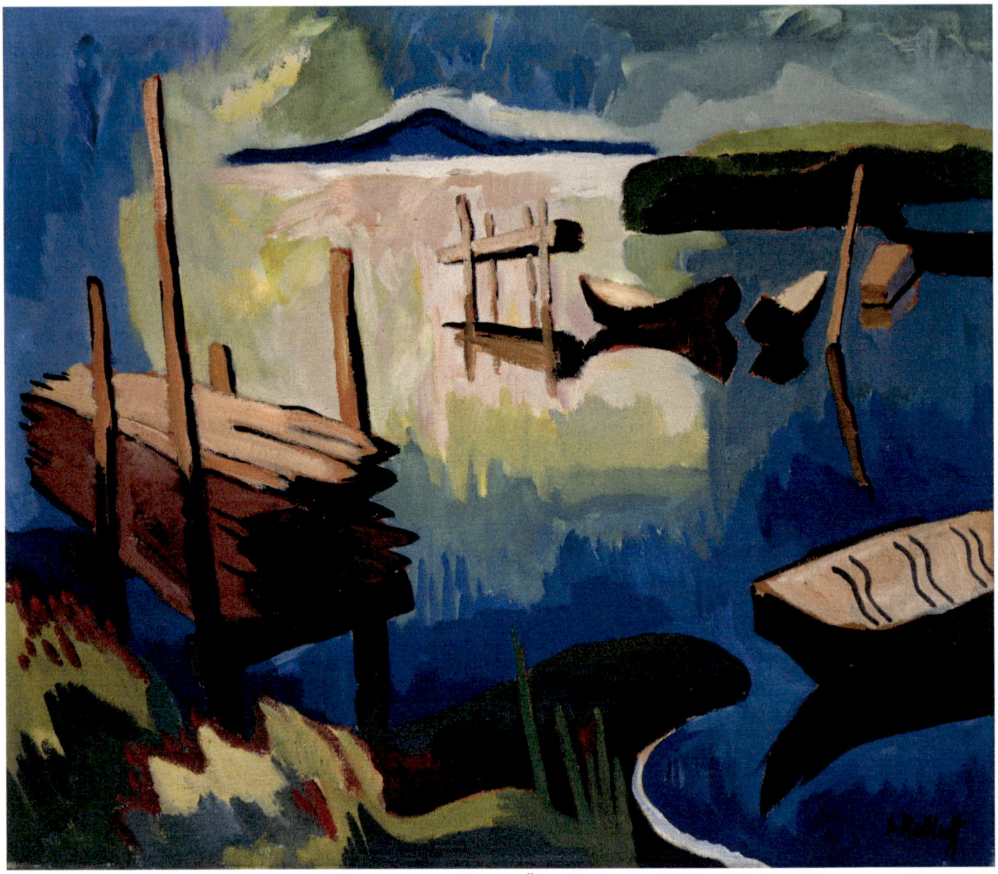

[8] Karl Schmidt-Rottluff, *Am Belasee* [eigtl. Lebasee], 1932, Öl auf Leinwand, 87,7 × 101,1 cm, Kunstsammlungen Chemnitz, Inv.-Nr. 927

leben. Einen entscheidenden Einfluss auf die Motive hatten zwischen 1933 und 1945 zwei Aufenthaltsorte des Künstlers, die er jeweils im Frühjahr und Sommer aufsuchte, um abseits von Berlin in Ruhe zu arbeiten. Das Frühjahr verbrachte er in den Jahren von 1932 bis 1943 zumeist bei seiner Freundin und Mäzenin Hanna Bekker vom Rath in Hofheim im Taunus. [Abb.7] Die Sommermonate bis in den Herbst hinein hielt sich der Künstler mit seiner Frau in dem kleinen Fischerort Rumbke in der Nähe von Łeba im damaligen Hinterpommern (heute: Polen) auf.[79] [Abb.8] Vor allem der Lebasee, ein Binnensee, der durch eine Düne von der Ostsee getrennt ist, dessen Fischereibetrieb sowie der vom See aus sichtbare Hügel Revekol sind wiederkehrende Motive. Auch die bereits erwähnte Auflistung von Aquarellen, die Schmidt-Rottluff 1938 an Paula Risch sandte, beinhaltet Ansichten vom Lebasee, davon zeugen beispielsweise die Titel *Lontzker Düne*, *Bewachsene Düne am Haff*, *Besonntes Haff* und *Wanderdüne*.[80]

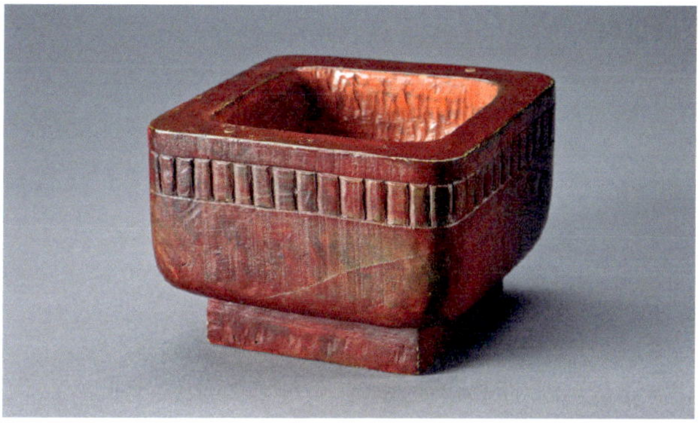

[9] Karl Schmidt-Rottluff, Rotbraune quadratische Sockelschale mit Zahnfries, um 1945, Holz, gesägt, geschnitzt, bemalt, 12 × 11,5 × 8,5 cm, Kunstsammlungen Chemnitz, Inv.-Nr. DL 1991/9, Leihgabe aus Privatbesitz

Schmidt-Rottluff schrieb Paula Risch von seiner Gemütslage und wie sich diese auf sein Kunstschaffen auswirkte. Dabei spielten zum Teil ganz alltägliche Dinge wie das Wetter eine größere Rolle als die nationalsozialistische Kulturpolitik. So schrieb er im Dezember 1937, dass er im Sommer viel und unbekümmert gearbeitet habe, im Winter jedoch die meiste Zeit mit anderen Dingen verloren gehe.[81] Die Beschlagnahme seiner Werke aus den staatlichen Institutionen und deren Präsentation in der Feme-Ausstellung im Rahmen der Aktion *Entartete Kunst* wurden vom Künstler weder thematisiert, noch schien es ihn in seinem Kunstschaffen zu diesem Zeitpunkt beeinträchtigt zu haben. Ein Jahr später, im Juli 1938, schrieb er dagegen, dass der Sommer recht unerquicklich sei, weil unbeständig und kühl, und dass seine Arbeit darunter sehr leide, weil er deswegen nicht so recht in Schwung komme.[82] Scheint der im vorhergehenden Kapitel besprochene Ausschluss des Künstlers aus der Reichskammer der bildenden Künste im Jahr 1941 zunächst keinen Einfluss auf sein Kunstschaffen gehabt zu haben, schrieb Schmidt-Rottluff in den Briefen der Jahre 1943 und 1944 an Paula Risch von einer beständigen Reduktion seiner künstlerischen Tätigkeit. Dies lag vor allem an der Materialknappheit und der allgemein unsicheren Lage. Vor allem die Kriegssituation belastete den Künstler stark und behinderte ihn in seiner Arbeit. Im Juni 1940, wenige Wochen nach dem ersten Luftangriff auf Berlin und kurz nach der Kapitulation Frankreichs, schrieb Schmidt-Rottluff an Paula Risch von seinem Sommersitz am Lebasee, dass er zwar fern vom Getümmel sei, aber noch nicht so recht den »Boden unter den Füßen habe«, wie er es sich für die Arbeit wünsche.[83] Auch im Januar 1943 berichtete der Künstler von seinem Sommeraufenthalt im Vorjahr am Lebasee und seinen Schwierigkeiten, »überhaupt wieder nach Berlin zurückzukehren«.[84] Die vielen »Arbeitspläne«, die er mitgenommen habe, habe er nicht verfolgen können.[85]

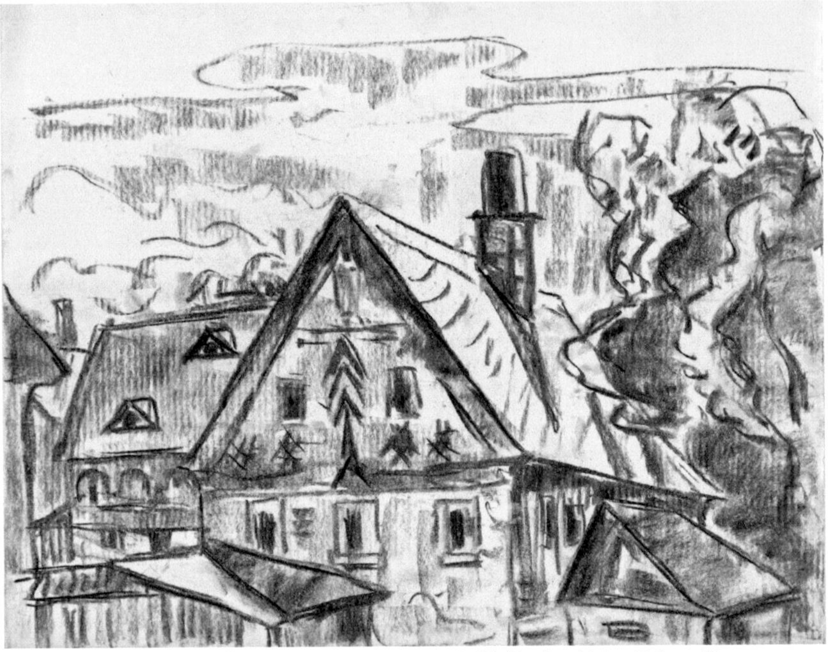

[10] Karl Schmidt-Rottluff, *Häusergruppe I*, um 1945, Kohle/Papier, 33,8 × 43,1 cm, Kunstsammlungen Chemnitz, Inv.-Nr. DL 473, Leihgabe aus Privatbesitz

Mit dem Jahr 1943 verschärfte sich die Situation für das Ehepaar Schmidt-Rottluff aufgrund der Luftangriffe der Alliierten auf Berlin. Der Künstler teilte Paula Risch im August des Jahres aus Rumbke mit, dass seine Wohnung im März getroffen wurde und sie eine »schauderhafte« Nacht hatten.[86] Obwohl er sich bemüht habe zu arbeiten, habe er es aufgrund seiner schlechten Gemütslage nicht vermocht, sich zu motivieren. Nachdem die Wohnung der Eheleute in Berlin anscheinend wieder bewohnbar war, wurde sie im August erneut durch Luftangriffe zerstört. Daraufhin zogen sie nach Chemnitz zur Schwester ins Elternhaus des Künstlers, wie Schmidt-Rottluff Paula Risch berichtete.[87] Diese Umstände hatten zur Folge, dass er kaum noch künstlerisch tätig war. [Abb. 9] Im Februar 1944 hatte er noch von einigen kunsthandwerklichen Gegenständen geschrieben, die er anfertige: »manches kleine Hausgerät«. [Abb. 10] Im November desselben Jahres stellte er fest, dass seine »Malerexistenz« ziemlich aufgehört habe, obwohl er noch im Sommer Zeichnungen der Chemnitzer Umgebung angefertigt hatte.[88] Dies war vor allem durch familiäre Schicksalsschläge und die Lebensumstände verursacht, die Schmidt-Rottluff ausführlich Paula Risch schilderte.[89] Seine Schwester war im Oktober 1944 nach schwerer Krankheit verstorben, und im Herbst desselben Jahres wurde in das Haus eine weitere Familie einquartiert. Der harte Alltag am Ende des

Krieges war weniger geprägt durch die Reflektion künstlerischer Fragestellungen oder eigenes Kunstschaffen als vielmehr beispielsweise durch die Sorge um Feuerholz.

Die Briefe des Künstlers an Paula Risch aus den Jahren 1943 und 1944 erlauben einen Einblick in die Lebensumstände des Künstlers während des Krieges. Dem Wunsch nach künstlerischer Betätigung, der in seinen Schreiben kontinuierlich zum Tragen kommt, konnte er aufgrund der Erlebnisse kaum nachkommen.

Schluss

Die hier editierten Briefe Karl Schmidt-Rottluffs bilden in ihrer Gesamtheit ein Kaleidoskop aus kurzen Episoden und Aussagen, mit deren Hilfe die Lebenssituation des Künstlers während des Nationalsozialismus in ihrer Vielschichtigkeit deutlich wird. Als Vertreter der Klassischen Moderne in Deutschland war er Repressalien ausgesetzt, die ihn an der Ausübung seines Berufes hinderten und somit seine wirtschaftliche Situation beeinflussten. Wie stark sich die kulturpolitischen Maßnahmen gegen die Vertreter:innen der Klassischen Moderne auf das Einkommen Schmidt-Rottluffs auswirkten, konnte aufgrund der aktuellen Forschungslage nicht ermittelt werden. Die Erkenntnisse zum Einkommen Emil Noldes zeigen jedoch, dass nicht unbedingt eine wirtschaftliche Notlage vorliegen musste. Aus den Briefen an Paula Risch und anderen Quellen wird ersichtlich, dass der Künstler auch während des Nationalsozialismus öffentlich ausstellte – vor und nach der Aktion *Entartete Kunst*. Darüber hinaus versuchte er, die ausbleibenden Ankäufe durch staatliche Stellen und Museen mit Verkäufen an Privatpersonen zu kompensieren, so beispielsweise an Carl Hagemann, Hans Dittmayer, Hanna Bekker vom Rath und auch an das Personennetzwerk um Paula Risch. Ob es ihm in dem gleichen Umfang gelang wie Nolde, ist nicht die einzige Frage, deren Beantwortung nicht nur für Schmidt-Rottluff aussteht, sondern auch für die anderen Künstler:innen der Klassischen Moderne. Die pauschale Kategorisierung als Opfer des Nationalsozialismus, begründet allein mit einem *modernen* Malstil, greift allemal zu kurz, da viele Künstler:innen dennoch eine mehr oder weniger große Nähe zum NS-Staat pflegten. Mit dem Schicksal von anderen verfolgten Gruppen, beispielsweise den Personen, die nach der Rassengesetzgebung als jüdisch kategorisiert waren, oder den Roma und Sinti, sind die kulturpolitischen Maßnahmen gegen die Vertreter:innen der Klassischen Moderne keinesfalls vergleichbar. Selbst der Ausschluss aus der Reichskammer der bildenden Künste hinderte Schmidt-Rottluff nicht daran, weiter künstlerisch tätig zu sein und Papierarbeiten, Ölgemälde und kunsthandwerkliche Objekte anzufertigen.

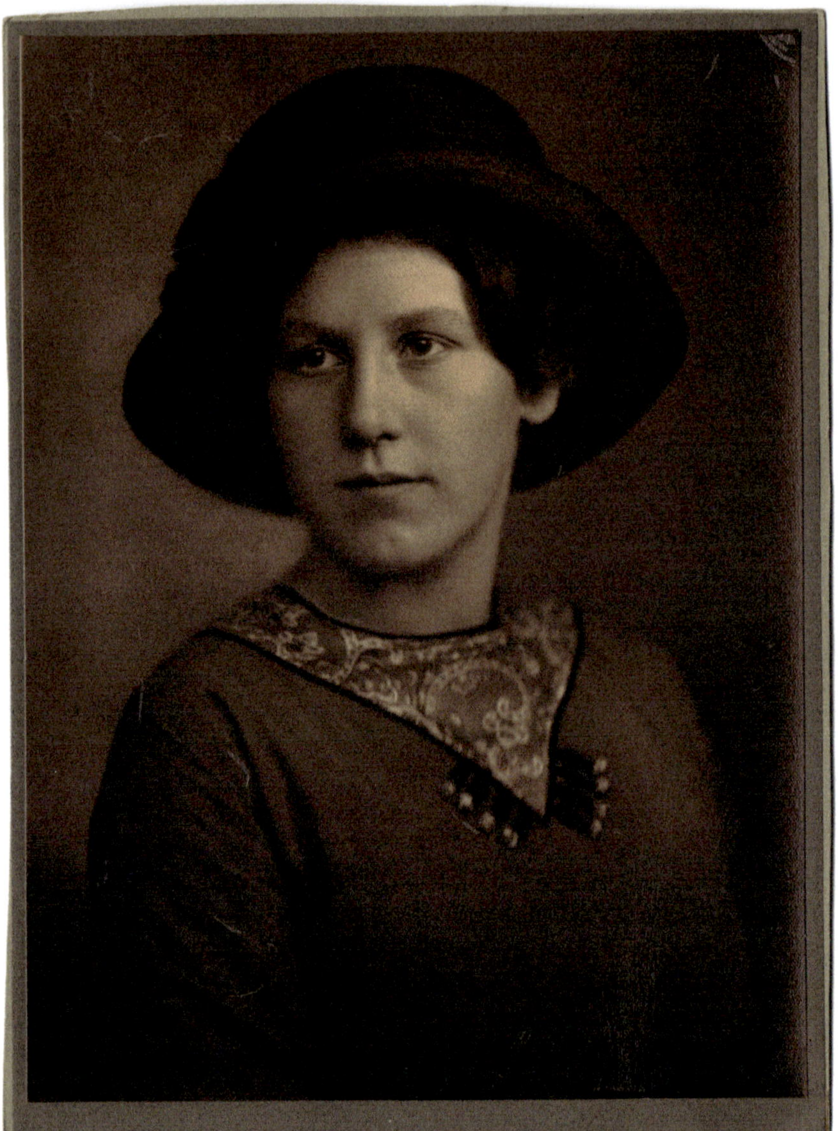

[11] Paula Risch, 1920 (Atelier Risch, Bregenz)

Die Briefe des Künstlers an Paula Risch sind nicht zuletzt ein bedrückendes Zeugnis seiner persönlichen Lebensumstände dieser Jahre. Die unsichere Situation des Krieges bedrohte ganz real sein Leben sowie das seiner Familie. Diese Erlebnisse hatten letztlich wohl größeren Einfluss auf sein Kunstschaffen als das Berufsverbot und sollten auch in den Forschungen zu anderen Künstler:innen der Zeit Berücksichtigung finden.

1 Vgl. *Karl Schmidt-Rottluff, Briefe nach Chemnitz, 1940–1975*, hrsg. von Ralf W. Müller, Chemnitz: Chemnitzer Verlag 2017; *Karl Schmidt-Rottluff. »Ungemalte Bilder« von 1934 bis 1944 und Briefe an einen jungen Freund*, hrsg. und komm. von Gunther Thiem, München: Deutscher Kunstverlag 2002; *Kirchner, Schmidt-Rottluff, Nolde, Nay ... Briefe an den Sammler und Mäzen Carl Hagemann, 1906–1940*, hrsg. von Hans Delfs, Roland Scotti, Mario-Andreas von Lüttichau, Ostfildern-Ruit: Hatje Cantz 2004.

2 Vgl. zu Paula Risch: Lebenslauf von Paula Risch, verfasst von ihrem Sohn Beato Barnay, Kunstsammlungen Chemnitz, A/424/2013 und Auskunft von Beato Barnay an die Verfasserin vom 6.3.2018; Kai Artinger, »Das Geheimnis der kunstliebenden Österreicherin Paula Risch. Die rätselhafte Herkunft des ›doppelten Dix‹«, in: Kunstgeschichte. Open Peer Reviewed Journal, 2022 (urn:nbn:de:bvb:355-kuge-591-6).

3 Brief vom 30.10.1938.

4 Vgl. beispielsweise *Karl Schmidt-Rottluff. Werke in den Kunstsammlungen Chemnitz*, Ausst.-Kat. Chemnitz, Kunstsammlungen Museum am Theaterplatz 13.12.2015–10.4.2016, bearb. von Beate Ritter u.a., Köln: Wienand 2015, S. XIII (»schwierige Jahre«); Magdalena M. Moeller, *Karl Schmidt-Rottluff. Eine Monographie*, München: Hirmer 2010, S. 80 (»Jahre der Diffamierung«); Karl Brix, *Karl Schmidt-Rottluff*, Wien, München: Schroll 1972, S. 50 (»Diffamierung«); Will Grohmann, *Karl Schmidt-Rottluff*, Stuttgart: Kohlhammer 1956, S. 117 (»die dunklen Jahre«).

5 Dazu noch immer grundlegend: Christoph Zuschlag, *»Entartete Kunst« Ausstellungsstrategien im Nazi-Deutschland*, Worms: Werner 1995.

6 Nur das Gründungsmitglied der Brücke Fritz Bleyl und der niederländische Maler Kees van Dongen waren von der Aktion *Entartete Kunst* nicht betroffen.

7 Bernhard Fulda benennt als Ausgangspunkt dieses Narrativs Ortwin Raves Publikation *Kunstdiktatur im Dritten Reich* von 1949. Hier schreibt Rave vom Sieg der Traditionalisten im Jahr 1937 und attestiert den Künstler:innen, deren Werke diffamiert wurde, »Träger des inneren Widerstandes« zu sein. Vor allem die in Deutschland »ausharrenden« Künstler:innen erlebten laut Rave »Schreckliches«. Bernhard Fulda, »›Hinter jedem Busch lauert Verkennung und Neid.‹ Emil Noldes Reaktion auf den Sieg der Traditionalisten«, in: *Künstler im Nationalsozialismus. Die »deutsche Kunst«, die Kunstpolitik und die Berliner Kunsthochschule*, hrsg. von Wolfgang Ruppert, Köln, Weimar, Wien: Böhlau 2015, S. 261–286, hier S. 261; Paul Ortwin Rave, *Kunstdiktatur im Dritten Reich*, Hamburg: Mann 1949, S. 133 f.

8 Dazu Andreas Hüneke, »Karl Hofer und der Nationalsozialismus«, in: Ruppert 2015 (wie Anm. 7), S. 167–174, hier S. 168 f.

9 Diesen Forschungsansatz verfolgte bereits Gesa Vietzen (geb. Jeuthe) 2011 (Gesa Jeuthe, *Kunstwerte im Wandel. Die Preisentwicklung der deutschen Moderne im nationalen und internationalen Kunstmarkt 1925 bis 1955*, Berlin: Akademie-Verlag 2011); er findet sich auch in neueren Publikationen wie Ruppert 2015 (wie Anm. 7) und *Die Kammer schreibt schon wieder. Das Reglement für den Handel mit moderner Kunst im Nationalsozialismus*, hrsg. von Anja Tiedemann, Berlin, Boston: De Gruyter 2016; dazu auch Christian Fuhrmeister, *Monopol. Magazin für Kunst und Leben*, 13.7.2017: <https://www.monopol-magazin.de/christian-fuhrmeister-interview-kunstns-zeit> (letzter Zugriff: 7.9.2018).

10 Zu Emil Nolde und seiner Haltung zum Nationalsozialismus siehe *Emil Nolde – eine deutsche Legende. Der Künstler im Nationalsozialismus*, Ausst.-Kat. Berlin, Staatliche Museen zu Berlin, Hamburger Bahnhof 12.4.–15.9.2019, hrsg. von Bernhard Fulda, Christian Ring, Aya Soika, München: Prestel 2019; Fulda 2015 (wie Anm. 7); Bernhard Fulda, »Myth-making in Hitler's Shadow. The Transfiguration of Emil Nolde after 1945«, in: *Rewriting German History. New Perspectives on Modern Germany*, hrsg. von Jan Rüger, Nikolaus Wachsmann, Basingstoke: Palgrave Macmillan 2015, S. 177–194; ders., »Emil Noldes Berufsverbot. Eine Spurensuche«, in: Tiedemann 2016 (wie Anm. 9), S. 127–145.

11 Arn Strohmeyer, »Kunst im Zeichen der germanischen Vorfahren und der Wiedergeburt Deutschlands: Ludwig Roselius und Bernhard Hoetger«, in: *Landschaft, Licht und niederdeutscher Mythos. Die Worpsweder Kunst und der Nationalsozialismus*, hrsg. von Kai Artinger, Ferdinand Krogmann, Arn Strohmeyer, Weimar: VDG 2000, S. 43–110, hier S. 85; Thomas Hirthe, »›Besondere Leistungen für die Bewegung hat er nicht aufzuweisen‹ – Bernhard Hoetger im Nationalsozialismus«, in: *Bernhard Hoetger. Skulptur, Malerei, Design, Architektur*, Ausst.-Kat. Bremen, Kunstsammlungen Böttcherstraße 6.2.–7.6.1998, hrsg. von Maria Anczykowski, Bremen: Hauschild 1998, S. 278–299, hier S. 278.

12 Ausst.-Kat. Bremen 1998 (wie Anm. 11), S. 490; Strohmayer 2000 (wie Anm. 11), S. 87, 89.

13 Uwe Fleckner, »Der Expressionismus als ›nordische‹ Moderne«, in: *Gauklerfest unterm Galgen. Expressionismus zwischen »nordischer« Moderne und »entarteter« Kunst*, hrsg. von Uwe Fleckner, Maike Steinkamp, Berlin, Boston: De Gruyter 2015, S. 77–85., hier S. 78.

14 Ebd., S. 83. Der Belgier Paul Colin beschrieb den deutschen Expressionismus analog zu einer politischen Partei mit einem linken und rechten Flügel sowie einer Mitte. Uwe Fleckner, »Die internationale Avantgarde des Expressionismus«, in: Fleckner/Steinkamp 2015 (wie Anm. 13), S. 3–9., hier S. 7.

15 Zur Bindung des Expressionismus an einen »germanisch-gotischen Formwillen« bei Paul Fechter siehe Andreas Zeising, »Kommentar zu Paul Fechter«, in: Fleckner/Steinkamp 2015 (wie Anm. 13), S. 96–101. Zu der Debatte um den deutschen Expressionismus siehe u. a. Wolfgang Ruppert, »Künstler im Nationalsozialismus. Künstlerindividuum, Kunstpolitik und die Berliner Kunsthochschule«, in: Ruppert 2015 (wie Anm. 7), S. 21–73, hier S. 50–55; Eckhart Gillen, »Zackig ... schmerzhaft ... ehrlich ... Die Debatte um den Expressionismus als ›deutscher‹ Stil 1933/34«, in: ebd., S. 203–229.; Maike Steinkamp, »Aktualität und Abwehr des Expressionismus im ›Dritten Reich‹«, in: Fleckner/Steinkamp 2015 (wie Anm. 13), S. 189–195.

16 Dabei erwähnt Schmidt-Rottluff verschiedene Ausstellungen von Vertreter:innen der Klassischen Mo-

derne oder Einrichtungen von musealen Präsentationen, die die Klassische Moderne berücksichtigten, wie in Hamburg oder Berlin. Vgl. u. a. Delfs/Scotti/von Lüttichau 2004 (wie Anm. 1), S. 446 f. (Brief 576 vom 26.11.1934), S. 459 (Brief 589 vom 17.1.1935), und S. 540 f. (Brief 697 vom 26.3.1936).

17 Ebd., S. 408 (Brief 531 vom 29.12.1933).

18 Nach den Landtagswahlen in Thüringen 1929 erhielt die NSDAP ausreichend Stimmen, sodass sie ihren ersten Minister in Deutschland einsetzen konnte. Wilhelm Frick wurde Innen- und Bildungsminister. Er veranlasste, dass der Vertrag des aktuellen Direktors der Bauhaus-Schule in Weimar nicht verlängert wurde und berief 1930 Paul Schultze-Naumburg als neuen Leiter. Dieser ließ noch im selben Jahr die Reliefs und Fresken im Treppenhaus des Werkstattgebäudes, die 1923 nach Entwürfen von Oskar Schlemmer angebracht worden waren, abschlagen und übermalen; vgl. Wulf Herzogenrath, »Fanal einer neuen Zeit. Die Zerstörung von Oskar Schlemmers ›Bauhaus-Fresken‹ im Jahr 1930«, in: *Das verfemte Meisterwerk. Schicksalswege moderner Kunst im »Dritten Reich«*, hrsg. von Uwe Fleckner, Berlin: Akademie-Verlag 2009, S. 245–257. Der mit Schmidt-Rottluff eng bekannte Chemnitzer Museumsdirektor Friedrich Schreiber-Weigand wurde im April 1933 von seinem Amt fristlos beurlaubt; vgl. Brigitta Milde, »Die Städtische Kunstsammlung Chemnitz und ihr erster Direktor Friedrich Schreiber-Weigand«, in: *Chemnitz – Aufbruch in die Moderne. Reformen, Ansätze, Widerstände. Beiträge zur Stadtgeschichte, 1918–1933*, hrsg. vom Stadtarchiv Chemnitz, Leipzig: O. K. Grafik 2010, S. 149–170.

19 Die Reichskammer der bildenden Künste wurde am 15.12.1933 gegründet und vereinigte u. a. Kunstschaffende, Architekt:innen sowie Kunst- und Antiquitätenhändler:innen. Zur Organisation der Reichskammer der bildenden Künste siehe Caroline Flick, »Struktur, Besetzung, Alltag. Die Berliner Landesleitung der Reichskammer der bildenden Künste«, in: Tiedemann 2016 (wie Anm. 9), S. 19–48.

20 Kurt Winkler, *Museum und Avantgarde. Ludwig Justis Zeitschrift »Museum der Gegenwart« und die Musealisierung des Expressionismus*, Opladen: Leske + Budrich 2002, S. 277.

21 Brief vom 22.1.1936 und Brief vom 6.6.1938.

22 Anja Tiedemann, *Die »entartete« Moderne und ihr amerikanischer Markt. Karl Buchholz und Curt Valentin als Händler verfemter Kunst*, Berlin: Akademie-Verlag 2013, S. 46–50 und S. 65; Anja Tiedemann, »Nicht das erforderliche Verantwortungsbewusstsein gegenüber Volk und Staat. Die Galerie Buchholz in Berlin«, in: Tiedemann 2016 (wie Anm. 9), S. 219–235, S. 224.

23 Die Ausstellung im Jahr 1935 fand vom 30.3. bis 27.4. statt und die im Jahr 1937 vom 16.2. bis 10.3. Die Kataloge listen 35 bzw. 40 Werke des Künstlers und sind reproduziert in Thiem 2002 (wie Anm. 1), S. 111–113.

24 Delfs/Scotti/von Lüttichau 2004 (wie Anm. 1), S. 562 (Brief 727 vom 29.5.1936).

25 Ebd., S. 408 (Brief 531 vom 29.12.1933).

26 Brief vom 31.12.1937.

27 Brief vom 22.1.1936 und vom 6.8.1938.

28 Anja Tiedemann, »Vom Narrativ des Verbotenen. Das Sammeln moderner Kunst im Nationalsozialismus«, in: Tiedemann 2016 (wie Anm. 9), S. 1–15, hier S. 3.

29 Fulda 2016 (wie Anm. 10), S. 129.

30 Fulda 2015 (wie Anm. 10), S. 267 f.

31 Brief vom 6.6.1938.

32 Zuvor waren die Blätter anscheinend bei einem »Herrn Dr. Hamann« in Frankfurt gewesen. Briefe vom 6.6., 24.7. und 2.8.1938. Zu dem erwähnten »Herrn Dr. Hamann« siehe Korrespondenz Karl-Schmidt-Rottluff – Paula Risch, Anm. 13 (in diesem Band).

33 Brief vom 2.8.1938.

34 Siehe dazu S. 28–33 in diesem Band.

35 Delfs/Scotti/von Lüttichau 2004 (wie Anm. 1), S. 344 (Brief 460 vom 15.10.1932).

36 Ebd., S. 544 (Brief 704 vom 4.4.1936).

37 Jeuthe 2011 (wie Anm. 9), S. 194.

38 Ebd., S. 196 f.

39 Die Angebote an Carl Hagemann bewegten sich zwischen 300 und 350 RM pro Blatt. Delfs/Scotti/von Lüttichau 2004 (wien Anm. 1), S. 446 (Brief 575 vom 19.11.1934).

40 Paul Junghanns, *Idyll*, vermutlich 1938, Öl auf Leinwand, Standort unbekannt. Siehe den Eintrag zu dem Gemälde in der Datenbank zur Großen Deutschen Kunstausstellung: <http://www.gdk-research.de/de/obj19401323.html> (letzter Zugriff: 7.9.2021).

41 Knapp 75 % der Gemälde wurden für weniger als 2.500 RM verkauft.

42 Zur Großen Deutschen Kunstausstellung vgl. Marlies Schmidt, *Die »Große Deutsche Kunstausstellung 1937 im Haus der Deutschen Kunst zu München«. Rekonstruktion und Analyse*, Halle: Universitäts- und Landesbibliothek Sachsen-Anhalt 2010. Die erste dieser Ausstellungen war zusätzlich ein Gegenpol zu der nur einen Tag später eröffneten Ausstellung *Entartete Kunst*, die ebenfalls in München gezeigt wurde.

43 Brief vom 22.1.1936.

44 Siehe hier die Korrespondenz zwischen Schmidt-Rottluff, Paula Risch und Hanna Bekker vom Rath vom 15.8. bis 29.11.1943.

45 KSChA SKC, I/6/268 (Leihgabe aus Privatbesitz), Schreiben von Paula Risch an Karl Schmidt-Rottluff vom 23.11.1943.

46 KSChA SKC, I/4/168 (Leihgabe aus Privatbesitz), Schreiben von Paula Risch an Karl Schmidt-Rottluff vom 4.2.1944.

47 Dazu auch Artinger 2022 (wie Anm. 11), S. 8/9, zu Hanna Bekker vom Rath siehe Korrespondenz Karl-Schmidt-Rottluff – Paula Risch, Anm. 27.

48 Nina Kubowitsch, »Nicht freiwilliger Entschluss, sondern gesetzlicher Zwang. Die Mitgliedschaft in der Reichskammer der bildenden Künste«, in: Tiedemann 2016 (wie Anm. 9), S. 69–81, hier S. 70.

49 Siehe Fulda 2015 (wie Anm. 10), S. 273.

50 Zu den folgenden möglichen Ausschlussbegründungen Beate Marks-Hanßen, *Innere Emigration? »Verfemte« Künstlerinnen und Künstler in der Zeit des Nationalsozialismus*, Berlin: dissertation.de, 2006, S. 80.

51 Ebd., S. 81 f.

52 Dazu Jan Pieter Barbian, *Die vollendete Ohnmacht? Schriftsteller, Verleger und Buchhändler im NS-Staat*, Essen: Klartext 2008, hier S. 18 f.

53 Zum Folgenden Marks-Hanßen 2006 (wie Anm. 50), S. 79–85.
54 Ebd., S. 83 und Fulda 2016 (wie Anm. 10), S. 135.
55 Siehe Gerd Hardach, *Parallele Leben. Mathilde Scheinberger und Karl Hofer*, Berlin: Hentrich & Hentrich 2016.
56 Fulda 2016 (wie Anm. 10), S. 135–137 und Marks-Hanßen 2006 (wie Anm. 50), S. 85.
57 Zu Käthe Kollwitz während des Nationalsozialismus Maria Derenda, »Käthe Kollwitz und die Zäsur von 1933. Eine Darstellung anhand ihrer Selbstzeugnisse«, in: Ruppert 2015 (wie Anm. 7), S. 245–260. Zur politischen Beurteilung Kollwitz durch das Gau-Personalamt Berlin ebd., S. 254.
58 Das Schreiben an Schmidt-Rottluff ist u. a. reproduziert in *Schriften deutscher Künstler des zwanzigsten Jahrhunderts*, hrsg. von Diether Schmidt, Dresden: VEB Verlag der Kunst 1964, Bd. II, o. S. (gegenüber S. 97). Das Schreiben an Emil Nolde ist reproduziert in Fulda 2016 (wie Anm. 10), S. 128.
59 Zu den Ausschlüssen aus der Reichsschrifttumskammer Barbian 2008 (wie Anm. 52), S. 21 f.
60 Fulda 2016 (wie Anm. 10), S. 130–139.
61 Kubowitsch 2016 (wie Anm. 48), S. 79.
62 Brief vom 20.12.1941.
63 Thiem 2002 (wie Anm. 1), S. 39 (Brief vom 19.12.1941).
64 Zu Hanna Bekker vom Rath siehe Korrespondenz Karl-Schmidt-Rottluff – Paula Risch, Anm. 27. Siehe dazu und zum Folgenden *Verbotene Kunst. Bilder von Karl Schmidt-Rottluff für Helmuth James von Moltke*, Ausst.-Kat. Görlitz und Kreisau, Schlesisches Museum 5.7.–21.9.2008 und Stiftung Kreisau für Europäische Verständigung 3.10.–18.11. 2008, hrsg. von Johanna Brade, Görlitz: Oettel 2008. Von Moltke gehörte der Widerstandsgruppe Kreisauer Kreis an. Die Treffen und die politischen Ziele des Kreisauer Kreises waren Schmidt-Rottluff vermutlich nicht bekannt.
65 Schmidt-Rottluff erwähnt sie in den Briefen vom 20.12.1941 sowie vom 26.10., 18.11. und 25.11.1943.
66 So erwarb Dittmayer im Jahr 1942 ein Gemälde mit dem Titel *Masken* von Schmidt-Rottluff sowie ein Aquarell *Weiden auf nasser Wiese* und im Jahr 1943 ein Gemälde mit dem Titel *Schnitterpause*. NL Dittmayer, Starnberg: Schreiben von Hans Dittmayer an seinen Sohn Wolfram vom 28.5. und 1.6.1942 sowie vom 3.1., 20.1. und 24.1.1943. Ich bedanke mich herzlich bei Anja Tiedemann, die mir Einblick in Kopien der Briefe gewährte.
67 Thiem 2002 (wie Anm. 1), S. 41 (Brief vom 12.2.1942). Der Verkauf kam letztendlich nicht zustande. Ebd. Kommentar von Gunther Thiem.
68 KSChA, I/6/257 (Leihgabe aus Privatbesitz), Schreiben von Erika Bausch an Karl Schmidt-Rottluff vom 22.5.1943.
69 KSChA, II/3/124 (Leihgabe aus Privatbesitz), Schreiben von Carl Georg Heise an Karl Schmidt-Rottluff vom 11.1.1945.
70 Dazu siehe Kubowitsch 2016 (wie Anm. 48), S. 89. Karl Hofer ließ sich seinen Bezugsausweis nach Babelsberg nachschicken, wo er sich mit seiner Frau seit Sommer 1943 aus Angst vor den Luftangriffen der Alliierten auf Berlin aufhielt. Gerd Hardach, *Parallele Leben. Mathilde Scheinberger und Karl Hofer*, Berlin: Hentrich & Hentrich 2016, S. 54.
71 »Mit dem Material wird es auch immer brenzlicher, sodass man zum Verschwenden und Drauflosarbeiten sowieso schon keinen rechten Mumm hat.« Karl Schmidt-Rottluff an Friedrich Schreiber-Weigand vom 12.7.1942, zit. nach Ausst.-Kat. Görlitz 2008 (wie Anm. 64), S. 16. Zu Schreiber-Weigand siehe Anm. 18.
72 NL Dittmayer, Starnberg: Schreiben von Hans Dittmayer an seinen Sohn Wolfram vom 22.2.1943 und hier Brief vom 15.1.1943.
73 NL Dittmayer, Starnberg: Schreiben von Hans Dittmayer an seinen Sohn Wolfram vom 13.5.1942.
74 Zu dieser Problematik bei Schmidt-Rottluff siehe auch Hans-Werner Schmidt, »Die Aquarelle der dreißiger Jahre. Die Entwicklung des weichen Stils«, in: *Karl Schmidt-Rottluff. Aquarelle*, hrsg. von Magdalena M. Moeller, Stuttgart: Hatje 1991, S. 22–29, hier S. 26 f.
75 So zitiert Magdalena Moeller noch 2010 Karl Brix, der für die Jahre 1933 bis 1944 weniger als 40 Gemälde aufzählte. Moeller 2010 (wie Anm. 4), S. 83. Worauf Karl Brix die quantitativen Angaben zu den Gemälden stützt, ist unklar. Vgl. Brix 1972 (wie Anm. 4), S. 54.
76 Siehe dazu auch Korrespondenz Karl-Schmidt-Rottluff – Paula Risch, Anm. 29 (in diesem Band).
77 Schmidt 1991 (wie Anm. 74), S. 23.
78 Ebd., S. 23; Eberhard Roters, »Rückzug auf sich selbst – Ausweg ins Offene. Die späten Aquarelle«, in: Moeller 1991 (wie Anm. 74), S. 30–39, hier S. 36; Moeller 2010 (wie Anm. 4), S. 80.
79 Beide Aufenthaltsorte werden für die jeweiligen Jahreszeiten in der Sekundärliteratur erwähnt, z. B. Moeller 2010 (wie Anm. 4), S. 80 und Roters 1991 (wie Anm. 78), S. 36.
80 Brief vom 2.8.1938. So sind auch die Schreiben Schmidt-Rottluffs an Paula Risch aus den Sommermonaten von der Post Ostseebad Leba in Pommern versandt worden.
81 Brief vom 31.12.1937.
82 Brief vom 24.7.1938.
83 Brief vom 28.6.1940.
84 Brief vom 15.1.1943.
85 Ebd.
86 Brief vom 15.8.1943.
87 Brief vom 26.10.1943. Nachdem sich Schmidt-Rottluff sein im August 1943 zerstörtes Atelier angesehen hatte, berichtete er seinem Bruder davon: »Wenn ein Atelier brennt, ist an sich schon nichts mehr zu retten – u. gar wenn mit Phosphor schon nachgeholfen wird. Ich war denn auch nur in Bln, um mir den Schutthaufen anzusehen. Es muss eine tolle Hitze gewesen sein, in der sogar Metall geschmolzen ist. [...] Der Keller war intakt geblieben, lag unter der Treppe!, hat Wasser abgekriegt, das wieder abgelaufen war.« Karl Schmidt-Rottluff an Kurt Schmidt vom 12.9.1943, zitiert nach Müller 2017 (wie Anm. 1), S. 16 f.
88 Brief vom 6.2. und vom 22.11.1944. Zu denken wäre hier an die Zeichnungen im Bestand der Kunstsammlungen Chemnitz, die Häusergruppen in Rottluff zeigen. Vgl. Ausst.-Kat. Chemnitz 2015 (wie Anm. 4), S. 326 f., Kat.Nr. 141–143, hier »um 1945« datiert.
89 Brief vom 22.11.1944.

Korrespondenz Karl Schmidt-Rottluff – Paula Risch, 1935–1944

Editorische Notiz

Die Transkription orientiert sich so nah wie möglich am originalen Text. Kommasetzung und Rechtschreibung wurden zur besseren Lesbarkeit behutsam an die gültigen Regeln angepasst. Dies betrifft insbesondere die Verwendung von Doppel-s und ß, die Groß- und Klein- sowie die Getrennt- und Zusammenschreibung von Wörtern. Ergänzungen sowie Auflösungen von Abkürzungen sind in eckige Klammern gesetzt. Personen- und Ortsnamen sowie historische Ereignisse werden bei ihrer ersten Nennung im Anhang erläutert. Auf ein Register wurde angesichts des geringen Umfangs der Korrespondenz verzichtet.

A/389/2013

Bildpostkarte von Karl Schmidt-Rottluff an Paula Risch 27.4.1935

Sehr verehrte gnädige Frau,
schönsten Dank für Ihre letzte Karte. Es tat mir auch recht leid, dass ich Sie bei Ihrem letzten Aufenthalt nicht noch einmal bei mir sehen konnte. Ich hoffe auf das nächste Mal. Hier noch ein Gruß aus der Ausstellung[1]. Mit den besten Grüßen auch von meiner Frau[2].
Ihr s[ehr] erg[ebener] S.Rottluff

A/390/2013

Bildpostkarte von Karl Schmidt-Rottluff an Paula Risch 9.12.1935

Sehr verehrte gnädige Frau,
besten Dank für Ihre freundliche Erinnerung. Das Blatt ging rechtzeitig ab.[3] Mit den besten Grüßen u[nd] zugleich allen guten Wünschen für die kommenden Weihnachtstage Ihr erg[ebener] SRottluff

A/391/2013

Brief von Karl Schmidt-Rottluff an Paula Risch 22.1.1936

W 30 Bamberger Str. 19[4]

Sehr verehrte gnädige Frau,
schönsten Dank für Ihre letzte Mitteilung – es freut mich sehr, zu hören, Herrn Thomer[5] habe das von Ihnen gewählte Blatt gut gefallen. Sollte Herr Thomer mal Zeit u[nd] Lust haben, mehr bei mir zu sehen, würde ich [mich] natürlich über einen Besuch freuen. Mit Ausstellen ist hier z[ur] Z[ei]t nicht viel los, sodass ein Privatbesuch augenblicklich der einzige schmerzvolle Ausweg ist. – Kommen Sie nicht auch einmal wieder nach B[erlin]? Wir würden Sie gern wiedersehen – auch ohne kaufende Interessen! – Ich hoffe, es geht Ihnen gut – meine Frau grüßt Sie mit mir schönstens.
Ihr ergebener SRottluff

A/392/2013

Postkarte von Karl und Emy Schmidt-Rottluff an Paula Risch nicht datiert [nach 1936]

Kleiner Weihnachtsgruß!
Frohes Fest!
K[arl] u[nd] E[my] SR

A/393/2013

Postkarte von Karl Schmidt-Rottluff an Paula Risch 20.1.1937

Sehr verehrte gnädige Frau,
herzlichen Dank für Ihren Neujahrsgruß. Hoffentlich ist auch der unsre bei Ihnen angekommen. – Es war eine nette Idee, die Fotos zu schicken – freuten uns sehr. Hübschen Jungen haben Sie – grüßen Sie auch Beato[6]. Ihnen alle schönsten Grüße auch von meiner Frau.
Ihr SRottluff

A/394/2013

Brief von Karl Schmidt-Rottluff an Paula Risch 31.12.1937

B[er]rl[in] W 30
Bamberger Str. 19
31. 12. 37

Sehr verehrte gnädige Frau,
haben Sie herzlichsten Dank für Ihren Gruß. Sie sind mir natürlich wieder zuvorgekommen – Ihnen zu schreiben, hatte ich mir für die letzten Tage des Jahres immer aufgehoben. Ich hoffe, Sie haben in Ihrer neuen Betätigung viel Freude gefunden u[nd] beginnen auch das neue Jahr mit Zuversicht. – Der Dachgartenausschnitt sieht recht hübsch aus. Wir sind wohl guten Mutes, wenn schon die rein existentiellen Fragen etwas schwierig geworden sind – im Sommer habe ich viel u[nd] unbekümmert gearbeitet – jetzt im Winter geht leider die meiste Zeit mit andern Dingen verloren, aber die müssen eben auch irgendwie bewältigt werden. An den Bodensee bin ich leider auch dies [sic] Jahr nicht gekommen, wir waren sehr lange an der Küste[7] u[nd] im Herbst war ich etwas müde, um neue Eindrücke aufzunehmen. – Zu einer kurzen Fahrt durch die Eifel reichte es gerade noch.
Wir freuten uns beide sehr, von Ihnen zu hören u[nd] wünschen Ihnen alles Gute fürs kommende Jahr.
Mit den besten Grüßen auch von meiner Frau
Ihr K. Schmidt-Rottluff

A/395/2013

Brief von Karl Schmidt-Rottluff an Paula Risch 6.6.1938

Post Leba i[n] Pomm[ern][8]
Sehr verehrte gnädige Frau,
Dank für Ihre Karte. Ja, wir sind allerdings vorläufig wieder in Pommern, so etwas am Ende der Welt jedenfalls von allem Berliner Missvergnügen[9] zunächst einmal weg. Dass Sie auch vom Bodensee nicht allzu häufig nach B[er]rl[in] kommen ist begreiflich, trotzdem schade. Da ich meine Bilder dann u[nd] wann mal ein paar Menschen zeigen muss, öffentlich geht es ja nicht mehr, hatte ich die kühne Idee, Ihnen einmal etliche Blätter zu schicken, wenn Ihnen das nicht ungemütlich ist u[nd] Sie sich die Mühe des Zurückschickens aufhalsen wollen – jetzt ist ja wohl Österreich kein verbotenes Land[10] mehr. Ende Juni habe ich einige Aquarelle frei, sie sind z[ur] Z[ei]t in Frankfurt[11].
Möglich, dass Sie auch dort ein paar Menschen wissen, die das gern einmal sehen mögen. Doch möchte ich keineswegs aufdringlich erscheinen, dann ignorieren Sie meinen Vorschlag.
Mit den besten Wünschen u[nd] Grüßen – auch von meiner Frau
Ihr ergebener SRottluff

A/396/2013

Brief von Karl Schmidt-Rottluff an Paula Risch 24.7.1938

Post Leba i[n] Pomm[ern]
S
Sehr verehrte gnädige Frau,
herzlichen Dank für Ihren Brief. Es war sehr nett, dass Sie von Ihren Schweizer Eindrücken schrieben – ein bisschen andre Luft ist sehr erfrischend. Vielen Dank für Ihren Hinweis auf das Buch der Madame Curie[12] – ich hatte wohl davon Rühmliches gehört, aber noch nicht gelesen – werde versuchen, es zu bekommen. Inzw[ischen] hat Ihnen wohl Herr Dr. Hamann,[13] Frankfurt die Blätter zugesandt. Leider schrieb er mir kürzlich, dass sie so bald schon wieder nach B[er]rl[in] sollen – das gefällt mir nicht recht – indessen hatte er diesen Herrn mit den Aq[uarellen] bekannt gemacht[,] er scheint sich dafür zu interessieren.
Wir haben leider einen recht unerquicklichen Sommer – sehr unbeständig u[nd] kühl u[nd] meine Arbeit leidet sehr darunter. Ich komme nicht in Schwung – es ist eine dürre Etappe. – Kürzlich las ich das Buch von Tania Blixen »Afrika, dunkle lockende Welt»[14]. Es sind ihre persönl[ichen] Erlebnisse während ihrer Farmer[-]Zeit – anspruchslos geschrieben, aber ganz nett zu lesen.
Mit den besten Grüßen – auch von meiner Frau
Ihr SRottluff

A/397/2013

Brief von Karl Schmidt-Rottluff an Paula Risch 2. 8. 1938

Post Leba i[n] Pom[mern][15]

Sehr verehrte gnädige Frau,
Dank für Ihre Zeilen! Es ist wirklich dumm, dass Herr Dr. Hamann[16] die Blätter weiter versprochen hatte. Damit hatte ich auch nicht gerechnet.
Gewiss würde es mich freuen – sehr sogar, wenn von den Aquarellen etwas in Ihrer Nähe bliebe.
Ich gebe Ihnen hier noch die Preise:
Burgberg 450.–
Waldinneres 400.–
Garten im Frühling 400.–
Brücke mit Anglern 450.–
Bewachsene Düne am Haff 500.–
Kornpuppen am Haff 450.–
Lontzker Düne 450.–
Besonntes Haff 400.–
Wanderdüne 350.–
Stilleben m[it] gelbem Topf 350.–
Hoffentlich klappt es u[nd] die Blätter können noch einen Tag länger bei Ihnen bleiben.
Ich wünsche Ihnen gute Tage im Taunus.
Mit den besten Grüßen – auch von meiner Frau
Ihr ergebener SRottluff

A/398/2013

Postkarte von Karl Schmidt-Rottluff an Paula Risch 8. 8. 1938

Sehr verehrte gnädige Frau,
ich habe mir inzw[ischen] überlegt, Herr Dr. Kr.[17] in B[e]rl[i]n wird ja wohl die Aq[uarelle] nicht allzu lange brauchen – u[nd] so schrieb ich ihm heute, er möchte sie Ihnen wieder zuleiten. Warum sollten Sie zu kurz kommen, das kann ich nicht einsehen. Im Taunus werden Sie gewiss schöne Tage gehabt haben, denke aber, am Bodensee müsste es doch noch schöner gewesen sein.
Mit den besten Grüßen
Ihr SRottluff

A/399/2013

Brief von Karl Schmidt-Rottluff an Paula Risch 30.10.1938

Bln [Berlin] XV 30
Bambergerstr. 19

Sehr verehrte gnädige Frau,
haben Sie vielen Dank für Ihren lieben Brief samt jenen Dokumenten[,] mit denen Sie sich zu Ihrem Attentat bekannt haben. Inzwischen kam sogar eine Vergrößerung – meine Frau hat sich auch sehr amüsiert darüber u[nd] dankt Ihnen ebenfalls herzlich. Seit 8 Tagen bin ich wieder in B[er]l[i]n – aber meine Frau meint, ich wäre noch nicht hier – so erfüllen mich noch die Eindrücke vom Bodensee[18].
Es war wirklich sehr schön, dass auch die Bregenzer Seite angesteuert wurde u[nd] ich Sie in Ihrer Heimat aufsuchen konnte. Die Rohrspitze[19] [sic], die wir nur dank Ihrer Führung kennen lernten, war eine wunderbare Landschaft – die Berge müsste man ja einmal besonders auskunden.
Seien Sie noch herzlichst bedankt für all Ihre Liebenswürdigkeit. Von meiner Frau u[nd] mir Ihnen alle guten Grüße – u[nd] grüßen Sie auch bitte Ihre Frau Mutter[20] u[nd] Ihren Beato.
Ihr SRottluff

A/400/2013

Brief von Karl Schmidt-Rottluff an Paula Risch 18.6.1939

Post Leba i[n] Pom[mern]

Sehr verehrte gnädige Frau,
Anfang Mai versuchte ich wieder eine kleine Streife an den Bodensee, aber das abscheuliche Wetter u[nd] sonstige Unruhe ließ mich nicht lange dortbleiben. Aber doch war es ein Anlass, an Sie zu denken u[nd] das möchte ich heute bekunden, indem ich wenigstens an Sie schreibe. Ich wüsste gern, wie es Ihnen geht, fürchte im Stillen, dass dieses vertrackte Jahr, wo alles erst x-mal verkehrt geht, auch Ihnen Unbehagen verschaffen dürfte[21] – aber doch wünsche ich sehr, es geht Ihnen gut u[nd] der Bodensee lockt Sie zu schönen Fahrten. – Wir sind seit 14 Tagen in Pommern[22], war höchste Zeit, dass wir aus B[er]l[i]n wegkamen. Ich weiß, woher seit einiger Zeit diese Unruhe uns[e]re Tage zerfegt – jetzt bemühe ich mich, gegen alles was von außen kommt, mich totzustellen, – vielleicht hilft's.
Aber ich würde mich recht freuen, mal von Ihnen zu hören – wie geht es Ihrem Jungen?
Seien Sie von meiner Frau u[nd] mir herzlich gegrüßt.
Ihr SRottluff

A/402/2013

Postkarte von Karl Schmidt-Rottluff an Paula Risch 12.3.1940

Sehr verehrte gnädige Frau, wir haben solange nichts von Ihnen gehört, dass ich mal versuche eine Karte an Sie zu richten. Alle Bodenseepläne sind ja nun erst mal gründlichst ins Wasser gefallen, sodass ich wohl so bald nicht wieder dorthin komme. Ich hoffe, es geht Ihnen einigermaßen gut u[nd] der Winter war nicht allzu hart mit Ihnen.
Die besten Grüße – auch von m[einer] Frau
Ihr SRottluff

[Seitlich:] Berlin W30 Bamberger 19

A/401/2013

Brief von Karl Schmidt-Rottluff an Paula Risch 28.6.1940

Post Leba Pom[mern] 28. 6. 40

Sehr verehrte gnädige Frau,
vielen Dank für Ihre Karte u[nd] liebenswürdige Einladung! Wäre unser alter Platz hier nicht militärfrei geworden, hatten wir vor, durch Süddeutschland diesen Sommer zu streifen u[nd] hätten gewiss den Bodensee berührt. So sitzen wir wieder hier – fern vom Getümmel noch nicht so recht ganz mit dem Boden unter den Füßen, wie es für die Arbeit erwünscht ist – aber etwas unsicher[23] laufen wir alle wohl jetzt auf dem Erdball herum. Ich hoffe, das Segeln auf dem Bodensee macht Ihnen ebenso viel Freude wie das Skilaufen u[nd] Sie können dabei die Weltgeschichte vergessen. – Ein paar neue Karten erlaube ich mir, Ihnen mitzuschicken u[nd] sonst alle guten Grüße von meiner Frau
Ihr SRottluff

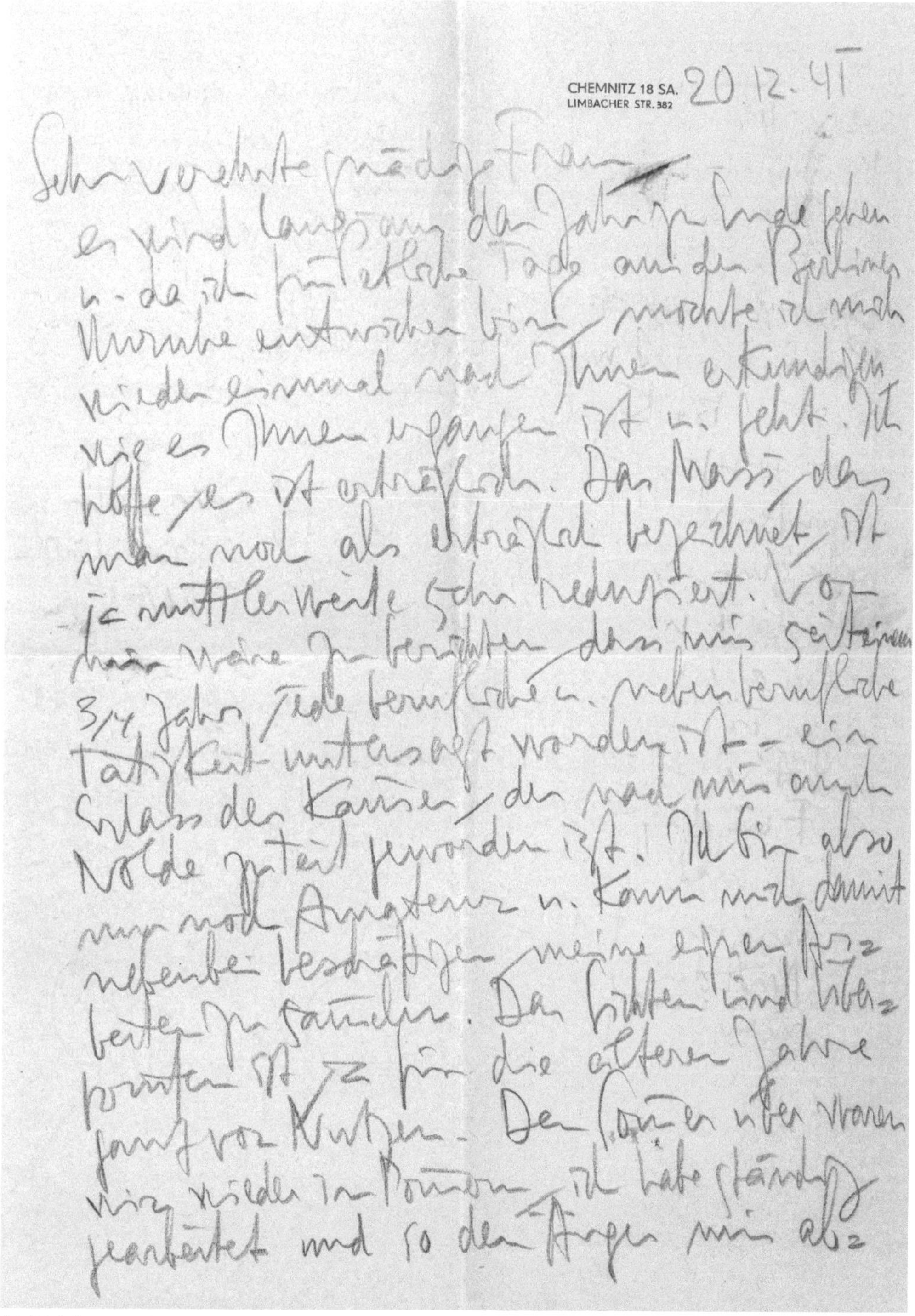

CHEMNITZ 18 SA.
LIMBACHER STR. 382
20.12.41

Sehr verehrte gnädige Frau
es wird langsam dem Jahre zu Ende gehen
u. da ich fürchterliche Tage aus der Berliner
Unruhe entwichen bin, möchte ich mich
wieder einmal nach Ihnen erkundigen
wie es Ihnen ergangen ist u. geht. Ich
hoffe, es ist erträglich. Das Mass, das
man noch als erträglich bezeichnet, ist
ja mittlerweile sehr reduziert. Von
mir wäre zu berichten, dass mir seit einem
3/4 Jahr jede berufliche u. nebenberufliche
Tätigkeit untersagt worden ist – ein
Erlass der Kammer, der wie mir auch
Nolde zuteil geworden ist. Ich bin also
nur noch Amateur u. kann mich damit
nebenbei beschäftigen meine eigenen Ar-
beiten zu sammeln. Das Sichten und Über-
prüfen ist [illegible] für die älteren Jahre
ganz von Nutzen. Den Sommer über waren
wir wieder in Pommern, ich habe ständig
gearbeitet und so den Ärger mir ab-

[12a] Brief von Karl Schmidt-Rottluff an Paula Risch vom 20.12.1941 (Vorderseite)

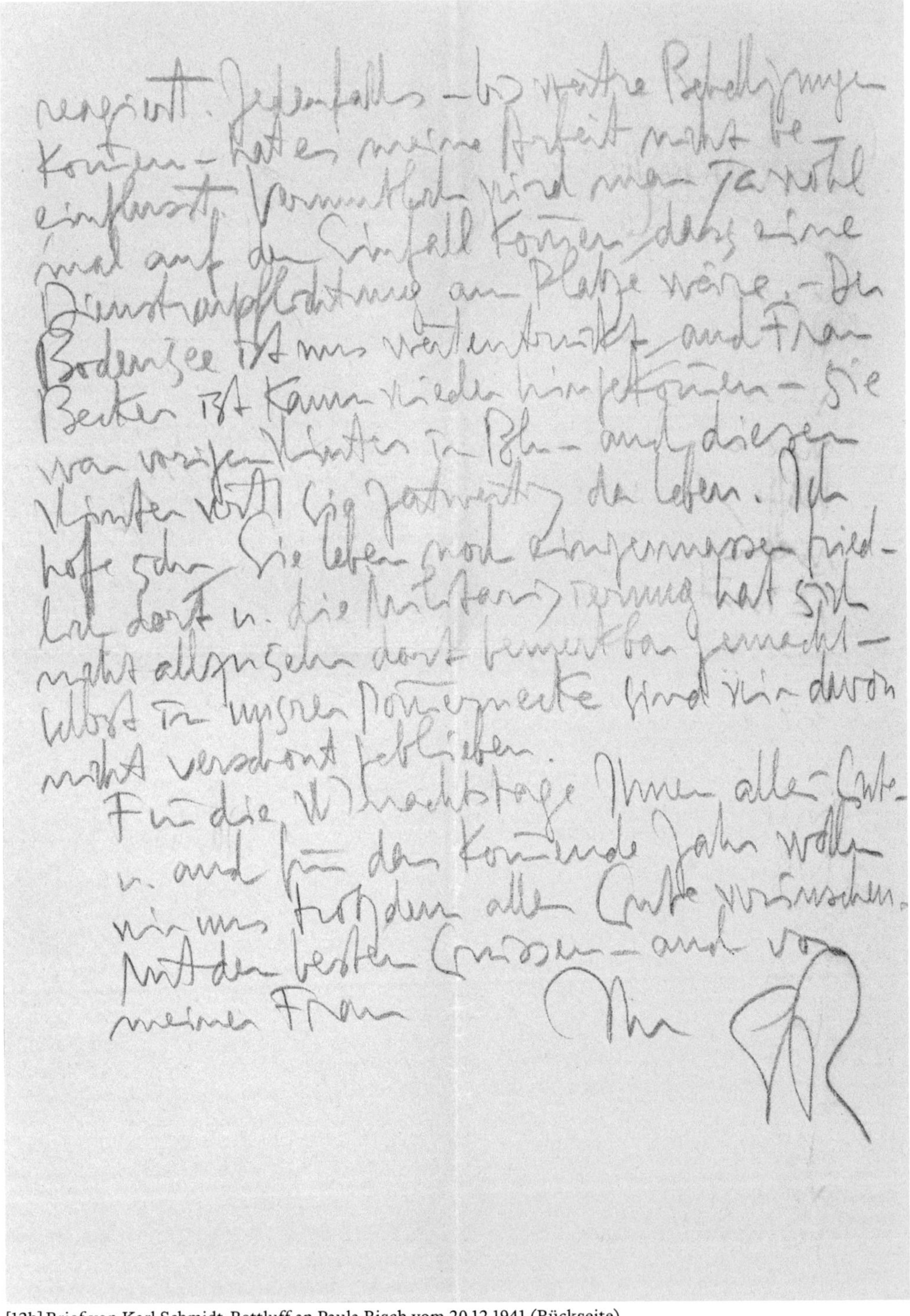

reagiert. Jedenfalls – bis weitere [illegible] kommen – hat es meine Arbeit nicht beeinflusst. Vermutlich wird man ja wohl einmal auf den Einfall kommen, dass eine Dienstverpflichtung am Platze wäre. – Der Bodensee ist uns weit entrückt – und Frau Becker ist kaum wieder hingekommen – sie war vorigen Winter in Berlin – auch diesen Winter wird sie zeitweilig da leben. Ich hoffe sehr, sie leben noch einigermassen friedlich dort u. die [illegible] hat sich nicht allzusehr dort bemerkbar gemacht – selbst in unseren [illegible] sind wir davon nicht verschont geblieben.

Für die Weihnachtstage Ihnen alles Gute u. auch für das kommende Jahr wollen wir uns trotzdem alles Gute wünschen.

Mit den besten Grüssen – auch von meiner Frau

Ihr SR

[12b] Brief von Karl Schmidt-Rottluff an Paula Risch vom 20.12.1941 (Rückseite)

A/403/2013

Brief von Karl Schmidt-Rottluff an Paula Risch 20.12.1941

Chemnitz 18 SA. [Sachsen]
Limbacher Str. 382[24] 20. 12. 41

Sehr verehrte gnädige Frau,
es wird langsam das Jahr zu Ende gehen u[nd] da ich für etliche Tage aus der Berliner Unruhe entwichen bin, möchte ich mich wieder einmal nach Ihnen erkundigen, wie es Ihnen ergangen ist u[nd] geht. Ich hoffe, es ist erträglich. Das Maß, das man noch als erträglich bezeichnet, ist ja mittlerweile sehr reduziert. Von mir wäre zu berichten, dass uns seit einem 3/4 Jahr jede berufliche u[nd] nebenberufliche Tätigkeit untersagt worden ist – ein Erlass der Kam[m] er[25], der nach mir auch Nolde zuteilgeworden ist. Ich bin also nur noch Amateur u[nd] kann mich damit nebenbei beschäftigen, meine eigenen Arbeiten zu sammeln. Das Sichten und Überprüfen ist ja für die älteren Jahre ganz von Nutzen. Den Sommer über waren wir wieder in Pommern, ich habe ständig gearbeitet und so den Ärger mir abreagiert. Jedenfalls – bis weitere Behelligungen kommen – hat es meine Arbeit nicht beeinflusst. Vermutlich wird man ja wohl mal auf den Einfall kommen, dass eine Dienstverpflichtung[26] am Platze wäre. – Der Bodensee ist uns weit entrückt, auch Frau Becker[27] [sic] ist kaum wieder hingekommen – sie war vorigen Winter in B[er]l[i]n – auch diesen Winter wird sie zeitweilig da leben. Ich hoffe sehr, Sie leben noch einigermaßen friedlich dort u[nd] die Militärregierung hat sich nicht allzu sehr dort bemerkbar gemacht – selbst in unserer Pommernecke sind wir davon nicht verschont geblieben.
Für die Weihnachtstage Ihnen alles Gute u[nd] auch für das kommende Jahr wollen wir uns trotzdem alles Gute wünschen.
Mit den besten Grüßen – auch von meiner Frau
Ihr SR

A/404/2013

Postkarte von Emy und Karl Schmidt-Rottluff an Paula Risch 11.1.1942

11. 1. 42
Liebe Frau Risch –
in Berlin angekommen fanden wir Ihr Paket mit den köstlichen Äpfeln vor, wir haben sie uns schon gut schmecken lassen u[nd] danken sehr herzlich für diese Überraschung. Wie schade, dass Sie in so weiter Ferne leben, dass wir Sie nicht wieder einmal hier begrüßen können. Mit allen guten Wünschen für 1942 grüße ich Sie herzlichst Ihre Emy Schmidt-Rottluff
Über diesen Glanz vom Bodensee haben wir uns sehr gefreut herzlichsten Dank – auch für Ihren Brief
[seitlich] Ihr S-R

A/405/2013

Brief von Karl Schmidt-Rottluff an Paula Risch 15.1.1943

Berlin W 30
15. 1. 43
Bamberger Str. 19

Sehr verehrte gnädige Frau,
haben Sie vielen Dank für Ihr Gedenken, das mich herzlich gefreut hat. Ich hörte gern, dass alles bei Ihnen unverändert weiter geht – aber dass Ihr Sohn schon so groß ist, hatte mich doch überrascht. Man sieht, wie ihn das Wachstum hat mager werden lassen. Hat er noch seine schönen goldenen Haare?
Hier ist – wenn man will – auch noch alles unverändert, aber das Leben in B[er]l[i]n ist halt etwas aufreibend mit allen den kleinen lästigen Plackereien, die soviel Zeit wegfressen. Im Sommer waren wir wieder in Pommern, hatten aber keinen erfreulichen Sommer – ich war recht herunter u[nd] hatte große Mühe, mich soweit wieder zu erholen, dass ich mich wieder nach der Stadt getraute. Ich hatte soviel Arbeitspläne mitgenommen u[nd] brachte doch kaum etwas zu Werk.
Mit dem Material fängt es an, recht knapp[28] zu werden, was mich leider häufig abhält, überhaupt etwas anzufangen – hoffentlich ist dieser Zustand bald vorüber, wie auch mancher and[e]re Zustand. – Bewahren Sie mir auch 43 ein freundliches Gedenken. Die besten Wünsche für Sie u[nd] Ihren Sohn u[nd] herzliche Grüße – auch von meiner Frau
Ihr SRottluff

A/406/2013

Brief von Karl Schmidt-Rottluff an Paula Risch 15.8.1943

Post Leba Pom[mern]

Sehr verehrte gnädige Frau,
gerade dieser Tage hatte ich mir vorgenommen, Ihnen einmal wieder von uns zu berichten u[nd] nach Ihrem Ergehen zu fragen – nun kam heute Ihr Brief. Schönsten Dank! Seit dem März, wo wir in B[er]l[i]n eins aufs Dach kriegten[29] u[nd] eine schauderhafte Nacht hatten, ist's bei uns mit einem ruhigen Verweilen anscheinend aus. Unsre Wohnung ist zwar im August endlich wieder gemacht worden, aber ob wir sie mal wiedersehen, scheint recht fraglich geworden zu sein. Leider ist nun allzu viel in B[er]l[i]n zurückgeblieben. Ich habe wohl in der Zwischenzeit immer wieder versucht u[nd] mich bemüht, zu arbeiten, aber es will nicht recht u[nd] öfter war leider Anlass genug, dass die Laune dazu gänzlich absackte u[nd] es ist auch bei uns wie bei Ihnen, die tägliche Werkelei frisst einem zu viel Zeit weg – od[er] ich bin nicht mehr rasch genug, damit fertig zu werden.
Vorläufig hoffen wir, hier die weitere Entwicklung abwarten zu können, ob wir dann nach B[er]l[i]n zurück können ist eine unbeantwortete Frage. – Es freute mich recht zu hören, dass Ihr Bruder[30] sich für die Aquarelle interessieren konnte. Hier habe ich augenblicklich nichts – es ist alles – wenigstens ein ganzer Teil zerstreut – aber an einiges könnte ich heran. Nur möchte ich gleich fragen, so wie Sie die Preise kennen, sind sie freilich nicht mehr u[nd] ich kann z[ur] Z[ei]t auch nur sparsam etwas weggeben. Unter 2000[31] würde es kaum sein können – ich will Ihnen dies gleich sagen, denn ich weiß nicht, was Ihr Bruder sich vielleicht gedacht hatte. – Dass Sie ordentlich mit der Tierzucht vorgesorgt haben, freut mich recht – leider ist hier das Wetter so abscheulich, dass mein Fischfang gänzlich aushakt – das Wetter macht offenbar nicht mehr mit – u[nd] das Getreide ist hier im hohen Norden noch draußen u[nd] beginnt auszuwachsen. Aber dies [sic] Jahr muss dieser Krieg noch zu Ende gehen.
Seien Sie herzlich gegrüßt – auch von meiner Frau – u[nd] grüßen Sie auch Ihren Sohn – wie alt mag er jetzt sein?
Immer Ihr ergebener SRottluff

A/407/2013

Brief von Karl Schmidt-Rottluff an Paula Risch 26.10.1943

Chemnitz 18 SA.
Limbacher Str. 382[32]

Sehr verehrte gnädige Frau,
Sie haben keinen Grund sich zu entschuldigen – leider bleiben auch mir oft Briefe liegen. Aber herzlichen Dank für den Ihrigen. Ja – wir sind in B[er]l[i]n nachdem die Wohnung wieder fertig war, nochmals drangekommen, diesmal gründlich. Einstweilen sind wir hier bei meiner Schwester[33] – zunächst ein willkommener Ausweich-bahnhof – aber bis wir nicht wissen, wo wieder einmal Fuß fassen, bleibt der augenblickliche Zustand fraglich. Es ist lieb von Ihnen, dass Sie sich mit Gedanken tragen, wie Sie helfen könnten – herzlichen Dank für Ihre gute Anteilnahme. Ich werde mich gern melden, wenn ich glaube, dass Sie es irgendwie können. – Meine Zusage für Ihren Bruder soll trotzdem bestehen bleiben – da die Fotos natürlich alle mit verbrannt sind, werde ich Ihnen am besten eine kleine Auswahl[34] schicken. Soll sie an Ihre Adresse gehen?
Bei Frau Becker [sic] vom Rath habe ich schon vorher einiges deponiert gehabt, ich werde sie bitten, Ihnen einige Blätter zu schicken. Vielleicht findet Ihr Bruder etwas, das ihm zusagt. Ich muss leider die Auswahl Frau B[ekker] überlassen, da ich inzwischen gemerkt habe, dass meine Listen was ich mal in Eile nach dem Taunus geschickt hatte, recht unzuverlässig sind. – Gesundheitlich geht es uns beiden einigermaßen gut, etwas mitgenom[m]en von den beiden Ereignissen waren wir im[m]erhin, – dass wir mit besond[e]rer Härte neuen Alarmen entgegensehen, können wir beide allerdings noch nicht von uns behaupten.
Seien Sie herzlich gegrüßt, auch von meiner Frau, wir hoffen sehr, es geht Ihnen u[nd] dem Sohn gut u[nd] Sie bleiben dort von terroristischen Beunruhigungen[35] verschont.
Getreustens
Ihr SRottluff

A/408/2013

Brief von Karl Schmidt-Rottluff an Paula Risch 18.11.1943

Chemnitz 18 Limbacher Straße 382

Sehr verehrte gnädige Frau,
ich hörte mit Bestürzung, dass Sie bös krank gewesen sind – Gottseidank ist's gut überstanden – es scheint mir abscheulich gewesen zu sein. An Frau B[ekker] v[om] R[ath] habe ich bereits geschrieben u[nd] Ihren Gruß weitergegeben. Natürlich können Sie die Blätter gern eine Weile dortbehalten – es werden freilich keine neuen Blätter sein können, an die kann ich z[ur] Z[ei]t überhaupt nicht heran – wenn also nichts dabei ist, was Ihren Bruder befriedigt, muss er sich nicht verpflichtet fühlen. – Falls Sie dort noch etwas Bienenwachs bekom[m]en könnten – in homerischen Zeiten gab's d[er]gl[eichen] gebleicht u[nd] ungebleicht in runden Scheiben in den Drogerien. Auch etwas Rohwachs würde mir genügen. Vielleicht wissen Sie zufällig eine Möglichkeit. Sie sehen, ich beginne schon, Sie zu inkom[m]odieren – aber man muss ja herumfragen.
Dass Sie dort in der Nähe auch schon terroristische Bekanntschaft[36] machen mussten, hat mich doch betroffen. Hoffentlich bleibt es bei diesem Versehen.
Ihnen alles Gute u[nd] seien Sie herzlich von uns beiden gegrüßt
Ihr ergebener
SRottluff

A/409/2013

Brief von Paula Risch an Karl Schmidt-Rottluff 25.11.1943

Bregenz, den 25.11.43

Sehr verehrter Herr Schmidt-Rottluff!
Gestern erhielt ich Ihren Brief v[om] 18., herzlichen Dank. Ich ersehe daraus, dass Sie die Abschickung der Bilder bereits in die Wege geleitet haben. Nun rief mich soeben mein Bruder an, ob ich Ihnen geschrieben, dass er im Falle eines Transportschadens nicht dafür aufkommen könne und daher der Versand auf Ihr eigenes Risiko erfolgen müsste. An die Möglichkeit eines Transportschadens, obwohl dies naheliegend ist, habe ich nicht gedacht. Ich nehme an, dass Sie den Versand der Bilder ohnehin auf die sicherste Art werden angeordnet haben, da diese ja auch durch Geld nicht zu ersetzen wären. Immerhin werde ich vorsichtshalber gleich an Frau B[ekker] v[om] R[ath] telegrafieren, dass sie die Blätter mit vollem Wert versichert.
Bienenwachs will ich gerne versuchen bei einem Imker zu erhalten. Der hiesige Wachszieher konnte mir nichts geben. Sie werden sich daher leider einige Zeit gedulden müssen, bis ich Ihnen über das Ergebnis meiner Nachfragen berichten kann.
B[er]l[i]n ist wieder bös mitgenommen worden. Jeden Abend denkt man mit Schrecken daran, ob wieder eine Stadt der Vernichtung entgegengeht. Jeder wünscht man, dass sie verschont bleibe und fühlt dabei bitter die Ohnmacht dieses Wunsches. Wie unverdient glücklich müssen wir uns hier noch immer schätzen!
Möge es Ihnen gut ergehen und seien Sie mit Ihrer lieben Frau herzlich gegrüßt von
Ihrer
[Paula Risch]

Verzeihen Sie, dass ich der Eile wegen mit der Maschine schreibe.

A/410/2013

Telegramm von Hanna Bekker vom Rath an Paula Risch 29.11.1943

Risch Roemerstr 22 Bregenz
Bodensee =

Sendung wird sich wegen Paketsperre verzoegern = Hanna Bekker

A/411/2013

Brief von Karl Schmidt-Rottluff an Paula Risch 29.11.1943

Chemnitz 18 Limbacher Str 382

Sehr verehrte gnädige Frau,
Dank für Ihren besorgten Brief. Die Bedenken Ihres Herrn Bruders stam[m]men noch aus einer anderen Zeit – es hat keinen Sinn, heute zu versichern, da bei Kriegseinwirkung die Versicherungen einen an das Reich verweisen – ich habe keine Lust, die Versicherungsgesellschaften unter diesen Umständen am Leben zu erhalten – das Risiko übernehme ich da halt selber.
Tausend Dank für Ihre Bemühung um Bienenwachs – nun mache ich Ihnen noch Umstände damit – gedulden will ich mich gern.
Seien Sie vielmals herzlich gegrüßt – auch von m[einer] Frau
Ihr ergebener
SRottluff

Von B[er]l[i]n habe ich leider noch nichts gehört – wir haben im damals unversehrt gebliebenen Keller noch eine Menge stehen[37] – wegzubringen war es nicht – nach der heute zum 1. Mal wieder angekom[m]enen B[er]l[i]ner Zeitung kann man aus den nicht fahrenden Bahnen sich die Stadtteile etwas konstruieren, die mitgenom[m]en sind[38] – ja man ist völlig ohnmächtig diesem Weltuntergang gegenüber.

A/412/2013

Postkarte von Karl Schmidt-Rottluff an Paula Risch 4.1.1944

Sehr verehrte gnädige Frau, herzlichen Dank für Ihre Karte. Wie freut es mich, wenn Sie durch die Bilder eine lebendige Anregung hatten. Fürs neue Jahr Ihnen u[nd] dem Sohn[39] alles Gute – mögen Sie beide gesund bleiben u[nd] ungestört. Allen Dank, dass Sie etwas Wachs erbeutet haben, auch wenig ist mir schon sehr willkommen – daher bitte keine neue Mühe. Herzl[iche] Grüße von m[einer] Frau u[nd]
Ihrem erg[ebenen] SRottluff

A/413/2013

Brief von Karl Schmidt-Rottluff an Paula Risch 6. 2. 1944

Chemnitz 18 Limbacher Str 382[40]
10 [mit Kreis umschrieben][41]

Sehr verehrte gnädige Frau,
gestern kam Ihre Wachssendung. Haben Sie vielen herzlichen Dank dafür. Damit ist mir für eine ganze Weile wieder geholfen. Es tut mir leid, dass ich Ihnen soviel Mühe damit gemacht habe.
Da meistens das Tageslicht recht spärlich ist – heute gibt's allerdings wieder Schnee – hatte ich angefangen, manches kleine Hausgerät[42] wieder anzufertigen – freilich nur aus Holz dem einzigen zur Verfügung stehenden Material. Es geht zwar recht langsam, aber ein bisschen persönliche Umgebung wird sich wieder bilden. Aber schon merke ich wie mich's nicht mehr lange interessieren wird. Die Beschäftigung mit der Form ist aber eine Weile eine gute Ablenkung.
Seien Sie vielmals herzlich bedankt u[nd] gegrüßt. Auch von meiner Frau alle herzlichen Grüße
Ihr alter
SRottluff

A/414/2013

Brief von Karl Schmidt-Rottluff an Paula Risch 22.11.1944

Chemnitz 18 Limbacher Str.
10 [mit Kreis umschrieben] 382

Sehr verehrte gnädige Frau,
es ist ja wohl in der Ordnung nur wenn man sich von Zeit zu Zeit nach seinen Freunden umsieht. Kürzlich bekam ich ein Stückchen Wachs – u[nd] das bestärkte mich, an Sie zu schreiben – haben wir doch lange nichts von Ihnen gehört. Lange – lange Zeit ist bei mir alle persönliche Schreiberei liegen geblieben – Ende des Som[m]ers wurde uns[e]re Schwester[43] recht krank, wenn wir anfangs noch gute Hoffnung hatten, erwies sich die Krankheit bald als sehr ernst – Mitte Oktober mussten wir die Schwester begraben. Dann kam großer Umsturz im Hause – eine 4 köpfige Familie aus Memel[44] wurde einquartiert u[nd] sonstige Freuden – Holzhacken – Kohlen heranschleppen, Garten aufräumen u.s.w. Meine Malerexistenz hat ziemlich aufgehört, im Sommer hatte ich mich heftig bemüht, die mir fern gewordene Landschaft etwas vertraut zu machen.[45] Neuerdings hat mich der Volkssturm[46] entdeckt – sonst toi - toi – bin ich der einzige Mann, der hier privat existiert. Der V[olks]st[urm] hat mich glücklicherweise noch nicht in Anspruch geno[m]men, – sodass ich vorläufig anstrenge, durch einen langen weißen Bart Schrecknis zu erregen. Die alten Germanen verstärkten das noch durch aufgesetzte Büffelhörner, doch zu dieser Dekoration als zu historisch konnte ich mich noch nicht entschließen.
Ja – und sonsten leben wir noch. Alarme schrecken einen gelegentlich auf, wenn gerade der Tag recht vollgestopft sein soll – noch sind wir gut davon gekommen, wenn auch etliche ganz respektable Teilangriffe in uns[e]rer Gegend runter gingen. Nun aber, wie schaut es bei Ihnen aus – das würde uns recht am Herzen liegen – irgendwie wird jeder von der Totalisierung[47] gestreift – hoffentlich sind Sie davon unberührt geblieben – und was macht der Sohn?
Wenn Sie Zeit dafür finden, schreiben Sie uns mal eine Zeile.
Mit allen guten Wünschen u[nd] herzlichen Grüßen von uns beiden
Ihr alter
SR

1 In der Berliner Galerie Karl Buchholz fand vom 30.3. bis zum 27.4.1935 eine Ausstellung von Aquarellen Schmidt-Rottluffs statt. Zu Karl Buchholz vgl. Anja Tiedemann, *Die »entartete« Moderne und ihr amerikanischer Markt. Karl Buchholz und Curt Valentin als Händler verfemter Kunst*, Berlin: Akademie-Verlag 2013. Ein Prospekt der Ausstellung ist reproduziert in: *Karl Schmidt-Rottluff. »Ungemalte Bilder« von 1934 bis 1944 und Briefe an einen jungen Freund*, hrsg. und komm. von Gunther Thiem, München: Deutscher Kunstverlag 2002, S. 111 f. Das auf der Postkarte abgebildete Aquarell *Landschaft mit Bäumen* aus dem Jahr 1934 wird dort unter der Katalognummer 1 gelistet.

2 Emmy Leonie, genannt Emy Schmidt-Rottluff, geb. Frisch (1884–1975).

3 Es ist unklar, was genau Schmidt-Rottluff mit der Nachricht meinte. Möglicherweise handelt es sich hier um den Ankauf eines seiner Werke durch Paula Risch.

4 Karl Schmidt-Rottluff lebte ab Oktober 1911 in Berlin, zunächst in der Niedstraße 14 in direkter Nachbarschaft zu Erich Heckel, Ernst Ludwig Kirchner und Max Pechstein. Anfang Juli 1933 zog er in die Atelierwohnung in der Bamberger Straße 19, unweit seines ersten Berliner Wohnortes; vgl. Stefan Pucks, *Die Kunststadt Berlin, 1871–1945. 100 Schauplätze der modernen bildenden Kunst, insbesondere der Expressionisten, im Überblick*, Berlin: Wittrock 2007, S. 47.

5 Bei dem hier genannten »Herrn Thomer« handelt es sich vermutlich um den Cousin von Paula Risch, Adolf Thomer, den Mitinhaber des Berliner Unternehmens *Birkle & Thomer*. Risch hatte über ihren Cousin den Künstler kennengelernt. *Karl Schmidt-Rottluff. Werke in den Kunstsammlungen Chemnitz*, Ausst.-Kat. Chemnitz, Kunstsammlungen Museum am Theaterplatz 13.12.2015 – 10.4.2016, bearb. von Beate Ritter u.a., Köln: Wienand 2015, S. XIII.

6 Paula Risch heiratete 1929 Elmo Barnay (1902–?). Zwei Jahre nach der Geburt ihres Sohnes Beato Barnay (*1930) ließ sie sich scheiden und nahm ihren Geburtsnamen wieder an. Beato blieb ihr einziges Kind.

7 Hiermit ist wahrscheinlich ein längerer Aufenthalt in Rumbke, einem kleinen Fischerort nahe Łeba in Polen (damaliges Hinterpommern) gemeint, wo Schmidt-Rottluff mit seiner Frau zwischen 1932 und 1943 die Sommermonate verbrachte.

8 Vor den sommerlichen Aufenthalten in Rumbke war Schmidt-Rottluff nach Jarosławiec (dt. Jershöft) gereist. Magdalena M. Moeller, *Karl Schmidt-Rottluff. Eine Monographie*, München: Hirmer 2010, S. 80 und Ausst.-Kat. Chemnitz 2015 (wie Anm. 5), S. 271–279, Kat.-Nr. 55–60, S. 282, Kat.-Nr. 63 und S. 317 f., Kat.-Nr. 122.

9 Sehr wahrscheinlich spielt Schmidt-Rottluff hier auf die Berliner Kulturpolitik an. Mit der Aktion *Entartete Kunst*, die mit der Feme-Ausstellung in München 1937 öffentlichkeitswirksam inszeniert wurde, stellte sich die Politik offiziell gegen moderne und abstrakte Formsprachen in der Kunst.

10 Im März 1938 marschierten deutsche Truppen in Österreich ein und annektierten das Land. Obwohl Schmidt-Rottluff als ordentliches Mitglied der Reichskulturkammer durchaus ausstellen durfte, scheinen die Möglichkeiten, seine Arbeiten öffentlich zu präsentieren, beschränkt gewesen zu sein.

11 Aus Schmidt-Rottluffs Brief an Paula Risch vom 24.7.1938 geht hervor, dass sich die Arbeiten bei einem gewissen Dr. Hamann befanden. Vgl. Anm. 13.

12 Vermutlich hat Paula Risch Schmidt-Rottluff die Biografie von Marie Curie *Madame Curie* empfohlen, die von deren Tochter Eve verfasst wurde. Sie erschien 1937 zuerst in deutscher Übersetzung beim Fischer-Verlag und 1938 in der französischen Originalausgabe. Das Buch war sehr erfolgreich und wurde in viele Sprachen übersetzt. <https://www.fischerverlage.de/autor/eve-curie-1002216> (letzter Zugriff: 13.9.2021).

13 Es ist nicht genau identifizierbar, von wem Schmidt-Rottluff hier schreibt. Möglicherweise handelt es sich um Richard Hamann-MacLean (1908–2000). Dieser wurde 1934 an der Universität Frankfurt promoviert und war bis 1938 Lehrer für Kunstgeschichte an der Städelschule. Dazu: <http://www.catalogus-professorum-halensis.de/hamannrichard.html> (letzter Zugriff: 13.9.2021). Sein Vater, Richard Hamann (1879–1961), war Kunsthistoriker in Marburg und hatte eine private Kunstsammlung, die Werke des 19. Jahrhunderts und der Klassischen Moderne umfasste. Von Schmidt-Rottluff befinden sich Grafiken in der Hamannschen Sammlung, deren Ankaufszeitpunkte jedoch unklar sind. Vgl. Ruth Heftrig, *Fanatiker der Sachlichkeit. Richard Hamann und die Rezeption der Moderne in der universitären deutschen Kunstgeschichte, 1930–1960*, Berlin: De Gruyter 2014, S. 51–58 und S. 457–486. Weiterhin befindet sich ein Aquarell von 1934 mit dem Titel *Landschaft bei Leba* in der Sammlung des Marburger Universitätsmuseums, das von Hamann geleitet wurde. Ebd. S. 41, Anm. 151.

14 Karen, genannt Tania Blixen (1885–1962). Der Roman *Afrika, dunkle lockende Welt* erschien im Jahr 1937 zuerst in Dänemark (*Den afrikanse Farm*), Großbritannien und den USA (*Out of Africa*). In allen drei Ländern war er ein Erfolg. In deutscher Sprache erschien das Buch im Jahr 1938. Blixen selbst bereiste 1940 Deutschland im Auftrag der dänischen Zeitschrift *Politiken*, um aus dem Land zu berichten, dem Großbritannien und Frankreich den Krieg erklärt hatten. Blixen wurde offiziell empfangen und durch Berlin geführt. Vgl. Judith Thurman, *Tania Blixen. Ihr Leben und Werk*, Reinbek bei Hamburg: Rowohlt 1991, S. 413–422.

15 Siehe Anm. 7.

16 Siehe Anm. 13.

17 Es ist nicht genau identifizierbar, von wem Schmidt-Rottluff hier schreibt. Möglicherweise handelt es sich um Markus Kruss (1872–1962), der eine Sammlung mit Arbeiten von Erich Heckel, Ernst Ludwig Kirchner, Emil Nolde und Karl Schmidt-Rottluff besaß. Für diesen Hinweis bedanke ich mich herzlich bei Christiane Remm, Brücke-Museum Berlin. Kruss war mit Schmidt-Rottluff persönlich bekannt und seine Frau war mit Emy befreundet. In seiner Sammlung befand sich auch ein Aquarell des Künstlers aus der Zeit um 1934 (*Kiefernwald*, siehe *Vermächtnis Kruss. Graphik des Expressionismus*, Ausst.-Kat. München, Staatliche Graphische Sammlung 4.4.– 27.5.1979, hrsg. von Michael Semff, München: Staatliche Graphische Sammlung 1979, Kat.-Nr. 35). Zu Markus

Kruss vgl. Michael Semff, »Zur Sammlung Kruss«, in: ebd., o. S. (S. 7–9); Beate Söntgen, »Markus Kruss – ein Sammler von ›Brücke‹-Künstlern«, in: *Zeitschrift des deutschen Vereins für Kunstwissenschaft* 42/3 (1988), S. 92–101.

18 Die Eindrücke seiner Reise an den Bodensee fanden auch in Schmidt-Rottluffs Werk Eingang. Davon zeugt beispielsweise das Aquarell *Pfahlbauten – Wochenendhäuser am Bodensee* aus dem Jahr 1939. Vgl. *Karl Schmidt-Rottluff. Aquarelle*, hrsg. von Magdalena M. Moeller, Stuttgart: Hatje 1991, Tafel 51.

19 Der Rohrspitz ist eine Halbinsel im Rheindelta.

20 Die Mutter von Paula Risch war Ida Risch (1861–1955).

21 Es geht aus dem Geschriebenen nicht hervor, worauf sich Schmidt-Rottluff hier bezieht. Die politische Lage in Deutschland war geprägt durch das deutsche Expansionsstreben und die Verfolgung der als jüdisch kategorisierten Bürger:innen. Im März des Jahres wurde das Protektorat Böhmen und Mähren eingerichtet und somit die gesamte ehemalige Tschecho-Slowakische Republik Teil des so genannten Großdeutschen Reichs. Nur wenige Monate später wird Deutschland von Frankreich und Großbritannien der Krieg erklärt, nachdem deutsche Truppen in Polen einmarschiert waren.

22 Siehe Anm. 7.

23 Sehr wahrscheinlich bezieht sich Schmidt-Rottluff auch hier auf das politische Geschehen in Europa. Der Zweite Weltkrieg wütete an vielen Fronten, und nur wenige Tage bevor der Künstler den Brief versandte, kapitulierte Frankreich (22. Juni 1940).

24 Hier befand sich eines der beiden Elternhäuser des Künstlers. Der Gebäudekomplex bestand aus einem Wohnhaus mit Mühle (Limbacher Str. 380) sowie einem benachbarten Landhaus (Hausnummer 382). Siehe dazu: Ausst.-Kat. Chemnitz 2015 (wie Anm. 5), S. 487 und <https://schmidt-rottluff-chemnitz.de/milestones.html> (letzter Zugriff: 13.9.2021). In dem Landhaus verbrachte Schmidt-Rottluff mit seiner Frau einige Jahre, nachdem ihre Wohnung in Berlin durch die Luftangriffe der Alliierten zerstört worden war.

25 Zu Schmidt-Rottluffs Berufsverbot vgl. den Aufsatz von Ulrike Saß in diesem Band, S. 22–28.

26 Es ist nicht ganz klar, was Schmidt-Rottluff mit dieser Aussage meint. Möglicherweise bezieht er sich auf die im vorhergehenden Satz erwähnten »weiteren Behelligungen«, die der Künstler befürchtete. Obwohl Schmidt-Rottluff zu diesem Zeitpunkt bereits 57 Jahre alt ist, könnte er – mit sarkastischem Blick auf das nationalsozialistische System – eine Verpflichtung zum Kriegsdienst meinen, die ihn ebenso am Arbeiten gehindert hätte.

27 Die Künstlerin, Sammlerin und Kunsthändlerin Hanna Bekker vom Rath (1893–1983) lebte in Hofheim am Taunus und lernte Schmidt-Rottluff im Winter 1930/1931 kennen. Ihr Wohnhaus, das *Blaue Haus*, war ein Treffpunkt für Kunstschaffende und Intellektuelle. Schmidt-Rottluff verbrachte ab 1932 fast jedes Frühjahr bei Bekker vom Rath, die ihm nach dem Krieg im Garten ihres Hauses ein Atelier errichten ließ. Zu Hanna Bekker vom Rath siehe: *»Privatbesitz Hofheim« Sammlung Hanna Bekker vom Rath. Künstler der Brücke, des Blauen Reiters und des Bauhauses*, Ausst.-Kat. Hoechst und Leverkusen, Jahrhunderthalle Hoechst 14.10.–21.11.1984 und Erholungshaus der Bayer AG 10.3.–14.4.1985, hrsg. von Herbert Meyer-Ellinger, Marian Stein-Steinfeld, Frankfurt am Main: Kunstkabinett Hanna Bekker vom Rath 1984; *Zwischen Brücke und Blauem Reiter. Hanna Bekker vom Rath als Wegbereiterin der Moderne*, Ausst.-Kat. Wiesbaden und Bern, Museum Wiesbaden 14.6.–6.10.2013 und Zentrum Paul Klee 23.11.2013–23.2.2014, hrsg. von Roman Zieglgänsberger, Köln: Wienand 2013; Marian Stein-Steinfeld, »Eine Freundschaft jenseits von allem Zeitbedingten: Hanna Bekker und Karl Schmidt-Rottluff«, in: Ausst.-Kat. Chemnitz 2015 (wie Anm. 5), S. 9–13.

28 Nur als Mitglied der Reichskammer der bildenden Künste war man im Besitz einer Stempelkarte, die den Erwerb von Arbeitsmaterialien ermöglichte. Vgl. den Aufsatz von Ulrike Saß in diesem Band, S. 27 und Abb. 6.

29 Die Wohnung des Künstlers in der Bamberger Straße wurde zweimal während der Luftangriffe der Alliierten auf Berlin zerstört. Das zweite Mal wohl kurz nach der hier erwähnten Instandsetzung, woraufhin Schmidt-Rottluff mit seiner Frau nach Chemnitz in sein Elternhaus zog. Vgl. Brief vom 26.10.1943 und Anm. 24.

30 Karl Risch (1899–1957). Zur Fotografenfamilie Risch-Lau siehe: Firmengeschichte Risch-Lau, Städtische Kunstsammlungen Chemnitz A/425/2013. Laut Auskunft von Beato Barnay an die Verfasserin vom 6. März 2018 hat Paula Risch mehrmals Werke von Schmidt-Rottluff an ihre beiden Brüder, Karl und Walter, sowie an Bekannte verkauft. Um welche Werke es sich dabei handelte und in welchem Umfang dies geschah, ist nicht bekannt.

31 Ob die Preisforderungen, die Schmidt-Rottluff hier stellt, besonders hoch sind, ist aufgrund der aktuellen Forschungslage nur schwer einzuschätzen. Vgl. den Aufsatz von Ulrike Saß in diesem Band, S. 17–22.

32 Siehe Anm. 24.

33 Gertrud Marie Schmidt (1889–1944).

34 Gemeint ist hier eine Auswahl an Aquarellen.

35 Gemeint sind hier die Luftangriffe der Alliierten, die in der deutschen Presse mit dem kriegsüblichen Propagandaschlagwort »Terrorangriffe« bezeichnet wurden, das Schmidt-Rottluff übernahm. Doris Heidi Kohlmann-Viand, *NS-Pressepolitik im Zweiten Weltkrieg. Die »vertraulichen Informationen« als Mittel der Presselenkung*, München u.a.O.: Saur 1991, S. 119.

36 Gemeint sind hier vermutlich die Luftangriffe der Alliierten. Vgl. Anm. 35.

37 Es ist unklar, welche Werke des Künstlers und welche Teile seiner Sammlung außereuropäischer Kunst bei den Luftangriffen der Alliierten auf Berlin in seiner Atelierwohnung zerstört wurden. Anscheinend hatte er Arbeiten im Keller gelagert, von denen er einige bergen konnte. Für diesen Hinweis bedanke ich mich herzlich bei Christiane Remm, Brücke-Museum Berlin. Vgl. dazu auch Anm. 29.

38 Hinsichtlich der Zerstörungen durch die Luftangriffe in den deutschen Städten gab es in der Presse ein Berichterstattungsverbot. Kohlmann-Viand 1991 (wie Anm. 35), S. 119.

39 Siehe Anm. 6.

40 Siehe Anm. 24.

41 Die Bedeutung dieses Zeichens ist unklar.

42 Schmidt-Rottluff war auch vor dem Krieg, wie andere Künstler:innen der Klassischen Moderne, kunsthandwerklich tätig. Sein plastisches und kunsthandwerkliches Schaffen stand dabei seinen malerischen Arbeiten im Umfang kaum nach. In Chemnitz schuf er während des Krieges unter anderem viele Gegenstände aus Horn und Knochen: geschnitzte Serviettenringe, Schuhlöffel, Löffel und Reliefs sowie Kästen, Serviettenringe und Schalen aus Holz. Vgl. Gerhard Wietek, *Karl Schmidt-Rottluff: Plastik und Kunsthandwerk. Werkverzeichnis*, München: Hirmer 2001, Kat.-Nr. 175–201; 254–257 und 269–284.

43 Siehe Anm. 33.

44 Das so genannte Memelland oder Memelgebiet (litauisch Klaipėdos kraštas) war der östlichste Teil Ostpreußens, das in der Folge des Ersten Weltkrieges unter französischer Verwaltung gestellt war. 1939 wurde es durch das Deutsche Reich besetzt und annektiert. Nach dem Zweiten Weltkrieg gehörte das Gebiet zur Litauischen Sozialistischen Sowjetrepublik.

45 Es sind Zeichnungen Schmidt-Rottluffs aus der Rottluffer Umgebung in den Städtischen Kunstsammlungen Chemnitz überliefert.

46 Der so genannte Volkssturm wurde im September 1944 gebildet und umfasste alle bis zu diesem Zeitpunkt noch nicht kämpfenden Männer zwischen 16 und 60 Jahren. Schmidt-Rottluff war zu diesem Zeitpunkt 60 Jahre alt und fiel somit unter den Erlass. Trotzdem schien er nicht rekrutiert worden zu sein. Aus dem Brief geht weiter hervor, dass Schmidt-Rottluff sich anscheinend in der Öffentlichkeit älter bzw. gebrechlicher gab, um einem Einzug zu entgehen.

47 Schmidt-Rottluff bezieht sich hier auf die NS-Propagandaparole zum so genannten *Totalen Krieg*.

Impressum

Die Publikation *»Meine Malerexistenz hat ziemlich aufgehört«. Karl Schmidt-Rottluffs Briefe an Paula Risch 1935–1944* erscheint open access als erster Band in der Publikationsreihe *Aurora. Chemnitzer Schriften zu Kunst und Kultur*, hrsg. von den Kunstsammlungen Chemnitz, auf arthistoricum.net.

Herausgeber
Frédéric Bußmann, Philipp Freytag

Autorin
Ulrike Saß

Bildredaktion
Eva Zimmmermann

Redaktion und Lektorat
Philipp Freytag

Gestaltung und Lithografie
Hannes Drißner, Leipzig

Druck und Bindung
Books on Demand GmbH, In de Tarpen 42, 22848 Norderstedt

Umschlagabbildung
Karl Schmidt-Rottluff, *Am Belasee*, 1932 (Ausschnitt)

Abbildungsnachweise
Abb. 1, S. 10: *Bernhard Hoetger. Skulptur, Malerei, Design, Architektur*, Ausst.-Kat. Bremen, Kunstsammlungen Böttcherstraße, Bremen 1998, S. 95 (Abb. 52); Abb. 2, S. 14: *»Entartete Kunst«. Das Schicksal der Avantgarde im Nazi-Deutschland*, Ausst.-Kat. Berlin, Staatliche Museen zu Berlin, München 1992, S. 10, Abb. 2; Abb. 3: Kunstsammlungen Chemnitz/Archiv; Abb. 4 a/b, S. 18/19, und Abb. 12 a/b, S. 41/42: Kunstsammlungen Chemnitz/László Tóth; Abb. 5, S. 22: *Schriften deutscher Künstler des 20. Jahrhunderts*, Dresden 1964, Bildteil o. S. (gegenüber S. 97); Abb. 6, S. 27: *Künstler im Nationalsozialismus. Die »deutsche Kunst«, die Kunstpolitik und die Berliner Kunsthochschule*, Köln, Weimar, Wien 2015, S. 90; Abb. 7, S. 27: Kunstsammlungen Chemnitz/May Voigt; Abb. 8, S. 28: Kunstsammlungen Chemnitz/Jürgen Seidel; Abb. 9, S. 29: Kunstsammlungen Chemnitz/PUNCTUM/Bertram Kober; Abb. 10, S. 30: Kunstsammlungen Chemnitz/László Tóth, Abb. 11: Kunstsammlungen Chemnitz/Archiv.

KUNST
SAMMLUNGEN
CHEMNITZ

Kunstsammlungen am Theaterplatz
Theaterplatz 1, 09111 Chemnitz
T +49 (0) 371 488 4424
F +49 (0) 371 488 4499
kunstsammlungen@stadt-chemnitz.de
https://kunstsammlungen-chemnitz.de

Bibliografische Information der Deutschen Nationalbibliothek
Die Deutsche Nationalbibliothek verzeichnet diese Publikation in der Deutschen Nationalbibliografie; detaillierte bibliografische Daten sind im Internet über http://dnb.dnb.de abrufbar.

arthistoricum.net
FACHINFORMATIONSDIENST KUNST · FOTOGRAFIE · DESIGN

Die Online-Version dieser Publikation ist auf https://www.arthistoricum.net dauerhaft frei verfügbar (Open Access).

URN: urn:nbn:de:bsz:16-ahn-artbook-1169-8
DOI: https://doi.org/10.11588/arthistoricum.1169

Publiziert bei Universität Heidelberg / Universitätsbibliothek arthistoricum.net – Fachinformationsdienst
Kunst • Fotografie • Design
Grabengasse 1, 69117 Heidelberg
https://www.uni-heidelberg.de/de/impressum

ISSN 2940-603X
eISSN 2940-6048

ISBN 978-3-98501-176-6 (Softcover)
ISBN 978-3-98501-177-3 (PDF)